Lew Rubinstein

EIN GANZES JAHR

MEIN KALENDER

Aus dem Russischen
von Werner Boschmann,
Elisabeth Landenberger, Dario
Planert, Lara Rindt, Susanne
Strätling, Dimitri Vinogradov,
Anna Weigelt und Georg Witte

Herausgegeben von
Susanne Strätling
und Georg Witte

Friedenauer Presse

JAHRESZEITEN

Zum Thema Jahreszeiten hat sich wohl niemand genauer und kürzer ausgedrückt als Andrei Platonow. In einer seiner Erzählungen steht der Satz: »Es verging ein Jahr, danach gleich zwei.« Das gewissermaßen als Epigraf.

Was für ein Datum ist heute? Ist das nicht egal? Heute ist heute und gestern war gestern — ist das nicht klar?

Wird es ein Morgen geben? Vielleicht ja, vielleicht nein. Aber die Uhren werden ticken und der Kalender wird an der Wand hängen. Vielleicht wird es überhaupt keine Zeit mehr geben, niemals, aber den Kalender wird es geben.

Der Kalender ist eine zutiefst praktische und zugleich maximal ephemere Sache. Er ist ein prägnantes und lehrreiches Merkmal seiner Zeit und vielleicht anschaulicher als alle Objekte der sogenannten Hochkultur. Er ist dazu bestimmt, ein Jahr lang Dienste zu leisten, und hat die Eigenschaft, danach über Jahrzehnte im Gedächtnis festzustecken.

Ich werde die Abreißkalender meiner Kindheit nie vergessen. Diese traurigen Blättchen, die jahrelang zwischen den Seiten irgendeines Buches lagen oder sich nach zwanzig Jahren im Geschirrschrank fanden, in einer alten Schuhschachtel. Vorne das Datum, die jeweilige Dauer von Sonnenaufgang bis Sonnenuntergang, vor 62 Jahren wurde irgendein bedeutender Mensch geboren, dann ein gräulich verschwommener Fleck und darunter: »Nach dem Gemälde *Die Krähen sind da* von Sawrasow«. Eben »nach dem Gemälde«. Auf der Rückseite waren unerklärlicherweise platziert: Lermontows Gedicht *Das Segel*, Ratschläge für die Hausfrau, wie Brot so aufzubewahren sei, dass es nicht hart werde, die Aufzeichnungen eines Phänologen — unvergessliche Exemplare einer stabil klischeehaften Saisonlyrik, Sprichwörter irgendeines der zahllosen Völker der UdSSR.

Alles ändert sich. Jetzt haben wir eine andere Zeit — und andere Kalender. Nur die Zeiten des Sonnenaufgangs und des Sonnenuntergangs variieren gemäß ihren ewigen Grundsätzen. Und der Januar hat, wie in der fernen Kindheit, 31 Tage. Und der Donnerstag folgt ungeachtet aller tektonischen Verschiebungen in der Weltgeschichte auf den Mittwoch. Und was das Wichtigste ist: Wir erinnern uns immer noch an die Kleinigkeiten unseres Lebens, wir haben immer noch nicht verlernt, ihre schlichte Wärme zu bewahren. Hier ist zum Beispiel mein Fahrrad, ohne Lenker und Reifen — es ist mein Fahrrad, ich habe es im Schuppen gefunden. Seht nur, wie schön es ist! Nicht zu glauben! Und in diese Schule bin ich gegangen. Ich erinnere mich, dass bei dieser Treppe eine Stufe fehlte und an dieser Stelle immer alle gestolpert und hingefallen sind. Und sie fehlt immer noch. Wie herrlich! Und hier war ein Spielplatz, hier hat meine Tochter Laufen gelernt. Und hier sind ja auch die rostigen Schaukeln, die immer noch so scheußlich quietschen. Einfach toll, wie scheußlich sie quietschen!

Und hier sind ja auch die anderen — alle an ihrem Platz: der windschiefe Zaun, der vereiste Hauseingang, die lahme Krähe auf dem schmutzigen Schnee, der vertrocknete Taubenkot auf dem Schaufelstiel, das Pionierhorn, ganz verbogen, weil irgendwer irgendwann irgendjemandem damit eins über den Schädel gezogen hat, und die Glaskugel, und die von der Kugel durchschlagene Brille des Zeichenlehrers, und ein vom Wind weggewehtes zusammengeknäultes Papier. Das alles ist wohl unsere Heimat. Und was noch? Etwa die Birke? Obwohl — warum eigentlich nicht? Da ist sie ja, eine ganz normale Datschenbirke mit einem Nagel für die Hängematte. Da steht sie ja, als wäre nichts gewesen, im November bedeckt sie der Schnee, im Mai schlägt sie aus, dann verliert sie ihr Laub, und all das für immer, das heißt bis zum nächsten, unerreichbaren Frühling.

Wir führen unser Leben, und wir leben in unserer Welt. Diese simple Wahrheit muss man sich von Zeit zu Zeit aufs Neue bewusst machen. Und das manchmal auch sehr schmerzhaft.

Wirklich real ist nur unser Gedächtnis, das aus dem trüben Strom des Seins absolut nutzlose und absolut kostbare Details herausfischt. Wir erinnern uns an sie, das bedeutet, sie sind es wert, von uns geliebt zu werden. Das Leben lässt sich nicht in Schönes und Hässliches aufteilen. Es kommt vor, dass eine auf dem Dachboden gefundene kahlköpfige Puppe mit abgerissenem Bein tausendmal schöner ist als der Kölner Dom. Schönheit ist etwas Relatives. Was sie ist, muss ausgehandelt werden — und zwar in jeder Epoche aufs Neue. Damit beschäftigt sich — mit wechselndem Erfolg — die Kunst. Liebe ist absolut, denn ihre Motive sind nicht erklärbar. Was sie ist, ist nicht verhandelbar.

Die Zeit ist unverlässlich und kapriziös. Ohne sich irgendwelchen Bewegungsgesetzen zu unterwerfen, springt sie mal hierhin, mal dorthin. Sie lässt sich nicht fassen und nicht fangen, auch nicht vom größten Künstler. Man kann sich über die Zeit und das schiere Faktum ihrer Existenz nur unendlich wundern. Nach den Worten eines chinesischen Weisen wundert sich der vollkommen Weise über nichts — nur über den Wechsel der Jahreszeiten.

JANUAR

JANUAR

1

DAS WESTAFRIKANISCHE LAND KAMERUN FEIERT JÄHRLICH SEINEN WICHTIGSTEN FEIERTAG — DEN UNABHÄNGIGKEITSTAG (*INDEPENDENCE DAY IN CAMEROON*). DAS IST NICHT NUR EIN FEIERTAG IN DER REPUBLIK, SONDERN AUCH EIN ÄUSSERST WICHTIGER TAG IN DER GESCHICHTE DES LANDES — EIN TAG DER EHRE UND DES STOLZES FÜR ALLE KAMERUNER

Ich sammelte Briefmarken. Die wertvollsten waren damals die »Kolonien«. Dann begannen die Kolonien zu verschwinden, aber die Briefmarken schmückten noch einige Zeit unsere Sammlungen. Briefmarken aus Kamerun hatte ich übrigens keine. Und ich werde sie, was besonders bitter ist, auch nicht mehr bekommen.

JANUAR 2

1649

TRIUMPHALER EMPFANG BOGDAN CHMELNYZKIS IN KIEW ALS BEFREIER DER UKRAINE

In Kiew wurde ich einmal zu einem Treffen am Bogdan-Chmelnyzki-Denkmal bestellt, aber aus irgendeinem Grund stand ich dann über eine halbe Stunde lang neben dem Denkmal von Taras Schewtschenko*. Als ich meinen Fehler endlich bemerkte, war es schon zu spät — es gab also kein Treffen. Na ja, sei's drum, so wichtig war das Treffen auch gar nicht. Obwohl es natürlich bedauerlich ist, dass die andere Person am anderen Denkmal stand und dort auf mich gewartet hat. Insgesamt ist das nicht besonders gut gelaufen.

JANUAR
3
1888

DER AMERIKANISCHE UNTERNEHMER MARVIN STONE LÄSST DEN TRINKHALM AUS STROH PATENTIEREN

»Nebel, Frost, heftiges Herzklopfen, und der stechende Geruch von fauligem Stroh hält mich wach …«

JANUAR

1896

UTAH WIRD 45. US-BUNDESSTAAT

Utah wurde die Töle genannt, die im Haus meiner Freundin Tanja Sinodowa lebte. Sie, also die Töle, war alt und hinkte. Irgendwie ist mir das wieder eingefallen.

JANUAR
5

1731

IN MOSKAU WERDEN DIE ERSTEN STRASSENLATERNEN ENTZÜNDET

»Wie traurig und unheimlich sie an ihren Leitungen schaukelten, wenn ein Schneesturm tobte und die Schatten länger und dann wieder kürzer wurden und alles so merkwürdig und beunruhigend war.«

JANUAR
6

1943

IN DER SOWJETISCHEN ARMEE WERDEN SCHULTERKLAPPEN EINGEFÜHRT

Ich habe ein Foto von meinem Vater mit ebensolchen Schulterklappen. Es ist im Jahr 1943 an der Front aufgenommen worden. Mein fünf Jahre älterer Bruder war sehr stolz auf dieses Foto. Einmal, als er zusammen mit Mama in der Brotschlange stand, fragte er laut: »Mama, wer ist wichtiger, Papa oder Stalin?« Mama tat so, als hätte sie nichts gehört. Die anderen in der Schlange auch.

JANUAR
7
1989

**DER THRONFOLGER JAPANS, PRINZ AKIHITO,
WIRD ZUM NEUEN IMPERATOR ERNANNT**

Aus irgendeinem Grund sagten die Erwachsenen in meiner Kindheit oft: »Wenn der ein Spezialist ist, dann bin ich der Kaiser von Japan!« Das war lange, bevor ich wusste, was ein Kaiser und was Japan ist.

JANUAR

1959

CHARLES DE GAULLE WIRD PRÄSIDENT
DER FRANZÖSISCHEN REPUBLIK

Da fällt mir ein ... In der Zeitschrift *Krokodil**: ein langer Lulatsch mit großer Nase und Schirmmütze, die lustigerweise genauso aussah wie ein Topf. Und ein Witz, wahrscheinlich auch aus *Krokodil*, darüber, dass »nicht alles Gaulle ist, was glänzt«. Auch daran erinnere ich mich. Ich erinnere mich an alles.

JANUAR
9
1932

IN DEN RUINEN VON MONTE ALBÁN IM SÜDEN MEXIKOS WIRD EIN ZAPOTEKEN-SCHATZ AUS DEM 13. JAHRHUNDERT ENTDECKT

»Schon den dritten Tag regnete es ununterbrochen. Langeweile und Trübsinn machten sich in unserem kleinen Lager breit. Alle waren ungehalten und missmutig. Die Sache hätte womöglich in einer handfesten Auseinandersetzung geendet, wenn nicht auf einmal …«

JANUAR 10
1863

ERÖFFNUNG DER WELTWEIT ERSTEN U-BAHNLINIE IN LONDON

Wenn ich auf einer Rolltreppe nach oben oder nach unten fahre, dann beobachte ich immer die Gesichter der mir Entgegenkommenden. Das ist so eine Angewohnheit. Und jedes Mal scheint es mir, als würden die Gesichter derer, die nach oben fahren, ein bisschen entspannter und weniger angestrengt aussehen als die der nach unten Fahrenden. Das ist natürlich Unsinn, aber irgendetwas Wahres ist wahrscheinlich dran.

JANUAR 11

1919

DER RAT DER VOLKSKOMMISSARE BESCHLIESST DIE EINFÜHRUNG DER *PRODRASWJORSTKA* (GETREIDEABLIEFERUNGSPFLICHT)

Schon als ich dieses Wort zum ersten Mal hörte, schien es mir beängstigend, obwohl ich nicht wusste, was es bedeutet. Es klang wie der Name eines fiesen Insekts, wie ein Ohrwurm.

JANUAR
12
1950

WIEDEREINFÜHRUNG DER TODESSTRAFE WEGEN HOCHVERRATS, SPIONAGE UND SABOTAGE IN DER UDSSR

Jaja … Anscheinend glaubten sie, dass es nach dem Krieg noch zu viele Überlebende gebe. Ich war schon fast drei Jahre alt.

JANUAR 13

1953

**IN DEN SOWJETISCHEN ZEITUNGEN ERSCHEINT
DIE MELDUNG ÜBER DIE AUFDECKUNG
DES »KOMPLOTTS DER KREMLÄRZTE«
(SOG. »ÄRZTEVERSCHWÖRUNG«*)**

Ich bin schon fast sechs. Ich erinnere mich, wie mein großer Bruder — er war damals 14 — heulend nach Hause kam. Er sagte: »Heute in Literatur wurden wir alle dem Alphabet nach aufgerufen und mussten unsere Nationalität nennen. Ich bin da der Einzige.« Mama seufzte. Oma sagte irgendetwas auf Jiddisch zu Mama. Das machte sie immer, wenn sie nicht wollte, dass die Kinder verstanden, worüber sie sprach. Ich habe auch tatsächlich nichts verstanden. Nicht nur Omas Worte. Überhaupt nichts. Ich verstehe es bis jetzt nicht wirklich.

JANUAR
14

1814

ÖFFNUNG DER KAISERLICHEN BIBLIOTHEK IN SANKT PETERSBURG FÜR BESUCHER

»Ich weiß schon nicht mehr, wie viele Stunden ich damit zubrachte, diese erstaunliche Handschrift zu lesen, aber als ich den Blick hob, war draußen vor dem Fenster schon tiefe Nacht.«

JANUAR 15

2006

**IN CHILE WIRD MIT MICHELLE BACHELET
ZUM ERSTEN MAL EINE FRAU
INS PRÄSIDENTENAMT GEWÄHLT**

Vize-Rektorin Anna Dmitrowna hatte große, fast schon männliche Hände. Ungepflegt und rau waren sie. Wir wussten, dass sie außerhalb der Unterrichtszeit fast ständig im Gemüsegarten arbeitete. Überhaupt haben wir uns oft über sie lustig gemacht.

JANUAR 16
1920

**KONSTITUTIONELLE VERANKERUNG
DER ALKOHOLPROHIBITION
IN DEN USA**

»Wir tranken ein Gläschen. Aßen vom frisch eingelegten Kohl. Schwiegen. Nach dem dritten Gläschen lösten sich die Zungen. Als Erster begann Fjodor zu sprechen.«

JANUAR 17

1772

PALASTREVOLUTION IM DÄNISCH-NORWEGISCHEN KÖNIGSHAUS

Im Perlowker Kino lief irgendein Film. Die Kinoplakate malte dort immer der Filmvorführer. Der war eine richtige Legende. Ich weiß nicht mehr, wie er hieß, aber eine Legende war er auf jeden Fall. An den Film erinnere ich mich überhaupt nicht mehr, weder an den Titel noch daran, worum es ging. Aber es war auf jeden Fall ein dänischer Film. Als der Filmvorführer das Plakat malte, geriet er in Streit mit dem Straßenfeger und seinem Trinkkumpan; wie die hießen, weiß ich auch nicht mehr. Einer sagte, es heiße »denisch«, der andere (der Straßenfeger), es heiße »danlandisch«. Soweit ich weiß, einigten sie sich auf einen Kompromiss und schrieben »danisch«.

An den Film erinnere ich mich ums Verrecken nicht mehr. Nur, dass er wohl ganz gut war.

JANUAR 18

1825

ERÖFFNUNG DES *BOLSCHOI-THEATERS*

Smirnow und ich saßen ganz oben. In der Loge. Seine Mutter — die war Ärztin — hatte uns die Karten besorgt. Wir sind dann auch hingegangen. Wir sitzen also ganz oben. Wir warten darauf, dass endlich der Kopf auftaucht. Das war, weil wir *Ruslan und Ljudmila** gesehen haben. Dort kommt ein riesiger Kopf vor. Wir sitzen und warten. Auf der Bühne singen sie irgend etwas und laufen hin und her. Und weit und breit kein Kopf. Smirnow sagt: »Siehst du den Glatzkopf direkt unter uns?« — »Klar, seh ich den.« — »Mal schauen, wer es schafft, die Glatze mit einer Papierkrampe zu treffen.« — »Okay«, sage ich. Keiner hat getroffen und wir haben alle Papierkrampen verbraucht. Und das Blödeste war, dass wir den Kopf verpasst haben, weil wir so abgelenkt waren. Na ja, einen Kopf gab es ja eigentlich schon. Aber einen ohne Haare und nicht auf der Bühne, sondern ganz unten im Parterre. Und wir haben nicht mal ansatzweise getroffen. Totaler Mist und kein Theater.

JANUAR
19
1955

US-PRÄSIDENT EISENHOWER GIBT DIE ERSTE WELTWEIT IM FERNSEHEN AUSGESTRAHLTE PRESSEKONFERENZ

Zur gleichen Zeit fielen vor unserem Fenster langsam schöne, dicke Schneeflocken. Mein Bruder, der Erstsemester, saß in Skihosen und Pantoffeln da, zeichnete Skizzen und sang irgendein Lied vor sich hin. Vater, der gerade von der Arbeit kam, klopfte sich den Schnee von den Schuhen und fragte ärgerlich nach irgendetwas. Mama, im bordeauxroten Hauskleid mit blauem Blumenmuster, lief hin und her und versperrte mir immer wieder die Sicht auf den Fernseher, in dem zum 114. Mal der Zeichentrickfilm *Der gelbe Storch* lief. Ich war sehr ärgerlich, weil ich Angst hatte, etwas ungemein Wichtiges zu verpassen. Das ist schon sehr lange her.

JANUAR
20

1830

VERKÜNDUNG DER EWIGEN NEUTRALITÄT BELGIENS

»›Nun sagt schon, Freunde! Gibt es denn überhaupt etwas wahrhaft Ewiges auf der Welt?‹ fragte Kusmin, der bisher geschwiegen hatte, unvermittelt. Alle sahen einander unwillkürlich an.«

JANUAR
21

1921

**WLADIMIR LENIN VERWENDET IN DER ZEITUNG
PRAWDA ERSTMALS DEN AUSDRUCK
»DIE FÜHRENDE ROLLE DER PARTEI«**

… Irgendwann ist stets das erste Mal,
Sei's die Liebe, sei's ein goldner Ball,
Wie ein Schritt in ungewisse Richtung,
Grüner Gruß der Sommerlichtung …

JANUAR
22

1630

GEBURTSSTUNDE DES POPCORNS

Judenhetzer fingen auf der Straße ihrer Meinung nach verdächtig aussehende Jungen ein und zwangen sie, das Wort »Korn« auszusprechen. Wenn einer das »r« nicht richtig aussprach*, wurde er umgebracht. Warum sollten sie ausgerechnet »Korn« sagen und nicht zum Beispiel »rund« oder »Krieg« oder »Krug« oder »Trick«. Warum nicht »Schrank« oder »Fortschritt« oder »progressiv« oder »Riese« oder »Roggen« oder »Robespierre« oder »Registrierung« oder »Kranz« oder »Krach« oder »Kreis«? Warum ausgerechnet »Korn«?

JANUAR

1976

TOD PAUL ROBESONS

Wenn ich über den Tod nachdenke, über den ich, was

JANUAR

1965

TOD WINSTON CHURCHILLS

merkwürdig ist, jetzt viel seltener nachdenke als

JANUAR 25

1947

TOD AL CAPONES

in meiner Kindheit — meistens vor dem

JANUAR
26

1975

TOD LJUBOW ORLOWAS*

Einschlafen —, stelle ich mir eini-

JANUAR 27
1901

TOD GIUSEPPE VERDIS

ge, mit dem Thema in keinem direkten Zusammen-

JANUAR 28

814

TOD KARLS DES GROSSEN

hang stehende Fra-

JANUAR 29
1962

TOD FRITZ KREISLERS

gen. Und während ich

JANUAR 30

1948

TOD MAHATMA GANDHIS

nach Antworten suche, ver-

JANUAR 31

1797

GEBURT FRANZ SCHUBERTS

gesse ich den Tod.

FEBRUAR

FEBRUAR
1

1865

**LINCOLN UNTERSCHREIBT DIE KONGRESS-RESOLUTION
ZUR 13. ERGÄNZUNG DER VERFASSUNG
DER VEREINIGTEN STAATEN VON AMERIKA,
MIT DER DIE SKLAVEREI VERBOTEN WIRD**

Ich hatte ein Filmoskop. Das ist so ein Ding, in das man einen Diafilm einlegt. Dann hält man es gegen das Licht und schaut durch ein spezielles Guckloch. Der erste Diafilm, den ich anschaute, handelte vom Pionierhelden Walja Kotik. Der zweite war *Onkel Toms Hütte*. Ich erinnere mich noch genau, dass der Film mit Onkel Tom immer an ein und derselben Stelle hängen blieb. An welcher genau, weiß ich nicht mehr. Aber auf jeden Fall an einer der spannendsten.

FEBRUAR
2

1892

**WILLIAM PAINTER ERHÄLT DAS PATENT
AUF DEN KRONKORKEN**

Wodkaflaschen gab es bei uns zweierlei — mit Lasche am Verschluss und ohne. Letztere musste man mithilfe eines Messers öffnen. Das war schrecklich umständlich, obwohl es natürlich niemanden sonderlich hinderte. Freilich gab es auch Flaschen mit Schraubverschlüssen. Die wurden aber nur im Intershop verkauft.

FEBRUAR 3

1874

GEBURT VON GERTRUDE STEIN

Es kommt vor, dass ein Name die Erinnerung an eine ganz bestimmte Szene oder an zwei, drei bestimmte Sätze weckt. In diesem Fall wäre das beispielsweise der allseits bekannte Spruch über die »verlorene Generation«. Oder das avantgardistische Gedicht *Eine Rose ist eine Rose ist eine Rose ist eine Rose...*.
Und das ist bei Weitem nicht das Schlechteste, was einem Menschen nach seinem Tod widerfahren kann.

FEBRUAR 4

1911

DAS UNTERNEHMEN *ROLLS-ROYCE* LEGT SEIN MARKENZEICHEN FEST

Ich erinnere mich überhaupt nicht daran, wie es aussieht. Vielleicht habe ich es aber auch noch nie gesehen. Auch so was soll's geben!

FEBRUAR
5
1901

IN MOSKAU, AUF DER TWERSKAJA-STRASSE, ÖFFNET DAS *JELISSEJEW-GESCHÄFT FÜR FEINKOST UND RUSSISCHE SOWIE AUSLÄNDISCHE WEINE*

Da stand, soweit ich mich erinnere, in der rechten, hintersten Ecke, vom Eingang aus gesehen, auf einer Theke eine riesige Kristallkugel — augenscheinlich »von früher« — gefüllt mit Kaffeebohnen. Und es duftete dort einfach atemberaubend. Später verschwand diese Kugel irgendwohin.

FEBRUAR
6

1626

LUDWIG XIII. UNTERSCHREIBT DAS EDIKT GEGEN DUELLE IN FRANKREICH

Ungefähr 200 Jahre später tötete ein französischer Adliger einen russischen Adligen in einem Duell. So eine traurige Geschichte ist mal passiert.

FEBRUAR 7

1863

IN DEN USA WIRD DER ERSTE FEUERLÖSCHER PATENTIERT

Zu meinem sechsten Geburtstag schenkte mir jemand ein Buch mit dem lakonischen Titel *Der Brand*. Das war eine Sammlung von Geschichten verschiedener Autoren, die davon handelten, wie Menschen (vor allem Kinder) unvorsichtig mit Feuer umgingen, wie sie mit Streichhölzern spielten, vergaßen, die Ofenklappe zu schließen, Tannenbaumkerzen in unmittelbarer Nähe von Watte- oder Papierkugeln entzündeten, und wie all dies endete.
Ich verschlang dieses lehrreiche Buch mit einem Mal — und konnte dann die darauffolgenden Nächte nicht einschlafen: Mich verfolgten Brandgeruch, Flammenzucken, das markerschütternde Heulen von Feuerwehrsirenen, gewaltige Wasserstrahlen aus Feuerwehrschläuchen, »Feuer!«-Schreie, kurz gesagt: »*Koschkin dom*«[*].

FEBRUAR

1919

IN RUSSLAND WIRD DAS DEKRET *ZUR EINFÜHRUNG DER INTERNATIONALEN ZEITRECHNUNG* VERÖFFENTLICHT

Ausländern musste man hin und wieder erklären, wieso der Jahrestag der »Oktoberrevolution« im November gefeiert wurde. Zum Glück muss man wenigstens dies einem Ausländer heute nicht mehr erklären. Sondern nur noch, was es mit dem »Alten Neuen Jahr«* auf sich hat. Auch nicht so einfach.

FEBRUAR
9
1893

GEBURTSSTUNDE DES STRIPTEASE — ZUM ERSTEN MAL WELTWEIT ENTBLÖSST SICH EINE *MOULIN-ROUGE*-TÄNZERIN VOR PUBLIKUM

Das Wort kannte ich viel früher als seine Bedeutung. Die Bedeutung hat mich eigentlich lange Zeit nicht interessiert. Wahrscheinlich, weil es mir immer nur bei undeutlichen Erwachsenengesprächen zu Ohren kam. Undeutlich, weil über einige Themen in meiner Gegenwart nur mit gesenkter Stimme gesprochen wurde.

Dabei war ich mir sicher, dass es sich um die Bezeichnung eines Medikaments handelte — damals behandelte Mama alle Krankheiten mit weißem Streptozid. In den Genuss des roten Streptozids bin ich nicht mehr gekommen. Ich hatte lediglich gehört, dass man damit die Haare knallrot färben konnte.

Als ich Jahre später erfuhr, was »Striptease« wirklich bedeutet, war ich aufs Äußerste überrascht und seltsamerweise auch ein wenig enttäuscht.

FEBRUAR
10

1636

ERSTE SCHRIFTLICHE ERWÄHNUNG DES BÜGELEISENS

Ich selbst kann mich zwar nicht mehr daran erinnern, aber Mama erzählte, wie sie einst einen pädagogischen Kniff anwandte. Zugegeben, einen durchaus grausamen, aber einen — aus heutiger Sicht — effektiven. Ich war zwei Jahre alt, so erzählte sie, und streckte, wenn sie bügelte, meine Hand immerzu nach dem Bügeleisen aus. Ich reckte und streckte mich. Einmal erlaubte sie mir, es zu berühren. Danach streckte ich mich nicht mehr. Manchmal frage ich mich, ob meine stetige Abneigung gegen das Bügeln mit diesem Ereignis zusammenhängt.

FEBRUAR
11

1809

PATENTIERUNG DES ERSTEN DAMPFSCHIFFES

Der unbeschreibliche Geruch von Schiffstauen löst stets ein starkes Gefühl aus. Warum nur? Vielleicht etwas aus der Kindheit?

FEBRUAR
12
1864

ERÖFFNUNG DES MOSKAUER ZOOS

Am Zooeingang wurden Würstchen im Schlafrock verkauft. Die gab's in Moskau sonst nirgends.

FEBRUAR
13

___

1842

**NIKOLAI I. UNTERSCHREIBT DEN BEFEHL
ZUM BAU DER EISENBAHNSTRECKE
SANKT PETERSBURG – MOSKAU**

»Nachts auf der Datscha. In der Ferne hört man dumpf die Züge. Es ist sehr kalt.«

FEBRUAR 14

1950

IN MOSKAU WIRD DER SOWJETISCH-CHINESISCHE VERTRAG ÜBER FREUNDSCHAFT, ZUSAMMENARBEIT UND GEGENSEITIGEN BEISTAND UNTERSCHRIEBEN

Papas beigefarbener Regenmantel. Ein Herrenhemd der Marke *Drushba* (*Freundschaft*). Turnschuhe der Marke *Dwa mjatscha* (*Zwei Bälle*), spontan auf dem Malachowski-Markt gekauft. Die grellgrüne Thermoskanne mit dem Drachen drauf. Die Taschenlampe mit den zwei großen, runden Batterien. Ping-Pong-Bälle. Die seidene Decke mit Blumen und Vögeln. Dosenfleisch namens *Welikaja stena* (*Die Chinesische Mauer*). Leuchtende Hieroglyphen auf dem Dach des Restaurants *Peking* ...

FEBRUAR
15
2013

**ÜBER TSCHELJABINSK GEHT
EIN METEORITENREGEN NIEDER**

Und ich wusste nicht mal etwas davon …

FEBRUAR
16

1568

**DIE SPANISCHE INQUISITION VERURTEILT
ALLE (!) BÜRGER DER NIEDERLANDE
ZUM TODE**

Auch später noch wurden ganze Völker zum Tode verurteilt.

FEBRUAR 17

1947

DER AMERIKANISCHE RADIOSENDER *VOICE OF AMERICA* BEGINNT, AUF RUSSISCH ZU SENDEN

Genau zwei Tage vor meinem Geburtstag!

FEBRUAR 18

1911

ERSTE BRIEFZUSTELLUNG PER LUFTPOST

»Der Brief kam mit fataler Verspätung an. Genau einen Tag nach dem Tod des Empfängers. Dann lag er lange ungeöffnet in der berühmt-berüchtigten Schatulle von Tante Vera, einer Schatulle, die viele Jahre das Objekt unserer unersättlichen Neugier war.«

FEBRUAR
19

1473

GEBURT VON NIKOLAUS KOPERNIKUS

Das weiß ich seit meiner Kindheit und vergesse es nie. Was auch kein Wunder ist. Aber wie viel mehr Menschen wurden am selben Tag wie ich geboren, wenn auch in anderen Jahren!

FEBRUAR
20

1909

**VERÖFFENTLICHUNG
DES *ERSTEN FUTURISTISCHEN MANIFESTS***

»›Das Alte muss gnadenlos zerstört und durch Neues hinweggefegt werden!‹, rief Nefjodow wütend und fuchtelte mit den Armen. Etwas unbeschreiblich Komisches und gleichzeitig Rührendes lag in seiner buckligen Statur, in seinem übermäßig pathetischen Gesichtsausdruck und sogar in den für seine Körpergröße unverhältnismäßig großen Händen, an denen der Arbeiter zu erkennen war.«

FEBRUAR
21

1920

EINSETZUNG DER *STAATLICHEN KOMMISSION FÜR DIE ELEKTRIFIZIERUNG RUSSLANDS* (GOELRO)

Sowohl in meiner Kindheit als auch später prangte vor allen möglichen Wahlen des »unzerstörbaren Blocks von Kommunisten und Parteilosen« über dem Eingang zur Schule, zum Klub, zur kommunalen Wohnungsverwaltung ein rotes, rechteckiges Tuch mit der Aufschrift »Agitpunkt«, das von leuchtenden Glühbirnen umrandet war. Offenbar dienten diese Glühbirnen, »Iljitschs Lämpchen«, lange Zeit als Sinnbild für den Aufbau des Sozialismus in einem Land. Wann genau sie verschwanden, habe ich nicht mitbekommen.

Einmal sprach ich mit einem älteren Freund über meine Beobachtungen zu diesen Agitpunkt-Lämpchen und er erzählte mir, dass er in einem Dorf bei Twer aufgewachsen sei, wo es bis Mitte der 1960er-Jahre keinen Strom gegeben habe. Und dass der nächste »Agitpunkt« sich in der Bezirksstadt befand, wohin sie manchmal fuhren, um elektrisches Licht anzugucken.

FEBRUAR
22

1732

GEBURT DES ERSTEN PRÄSIDENTEN DER VEREINIGTEN STAATEN GEORGE WASHINGTON

In meiner frühen Kindheit fand ich es komisch, dass die Stadt, in der heimtückische Pläne zur Zerstörung unserer geliebten Heimat geschmiedet werden, und ein alter Onkel in weißer Perücke denselben Namen tragen. Andererseits fand ich es ganz normal, dass es die Stadt Kalinin und zugleich das Porträt des gleichnamigen gutmütigen, alten Mannes mit Bärtchen gab.

FEBRUAR
23
1874

DER TENNISPLATZ WIRD PATENTIERT

Ich habe mir Tennis immer gerne von Weitem angeschaut. Gleichzeitig kannte ich die Spielregeln nicht. Und das bis heute. Aber ich mochte immer das Geräusch, wenn der Schläger auf den Ball trifft.

FEBRUAR 24

1466

**IN BELGIEN FINDET DIE ERSTE
DER BERÜHMTEN LOTTERIEN STATT**

Auch wir hatten einmal eine »Geld- und Sachlotterie«. Als Hauptpreis gab es da, soweit ich mich erinnere, ein Auto der Marke *Wolga*. Manchmal berichteten die Zeitungen von irgendeinem Glückspilz.

Ich habe mir auch immer aus unerfindlichen Gründen ein oder zwei Lose gekauft. Gewonnen habe ich natürlich nie etwas.

Obwohl nein — das stimmt nicht. Einmal habe ich eine wattierte Decke gewonnen. Dann stand ich lange bei der Sparkasse an, um den Gewinn bar ausgezahlt zu bekommen. Eine Decke hatte ich ja schon. Wozu brauchte ich zwei? Eine ist doch genug. Aber die Schlange an der Sparkasse war so lang, dass ich mit den Achseln zuckte und ging. Letzten Endes ging ich also leer aus.

FEBRUAR
25

1721

**PETER DER GROSSE GRÜNDET DEN *SYNOD* —
DAS HÖCHSTE VERWALTUNGSORGAN DER KIRCHE**

Die erste Person, an die ich mich — abgesehen von meinen Eltern, meinen zwei Omas und meinem großen Bruder — erinnern kann, ist ein Mädchen namens Tanja Sinodowa. Wir brachten einander Lutscher und verwelkten Löwenzahn. Dies waren »Geschenke«.
Viele Jahre später habe ich sie wiedergesehen. Sie war eine reizlose Bohnenstange geworden.

FEBRUAR
26

1829

GEBURT DES AMERIKANISCHEN UNTERNEHMERS UND ERFINDERS DER JEANS LEVI STRAUSS

Ich weiß noch genau, es war im Sommer 1963. Und ich weiß auch noch den Namen dieses Nachbarjungen — er hieß Mischa Kutzmann. Mischa hatte einen Onkel. Über den Onkel war bekannt, dass er als Diplomat in Amerika arbeitete. Eines Tages kam dieser Onkel aus Amerika zu Besuch und brachte Mischa Kutzmann eine Hose mit. Als Mischa mit dieser Hose im Hof auftauchte, lachten ihn alle Nachbarkinder aus und zeigten mit dem Finger auf ihn. Die Hose war offensichtlich falsch herum angezogen, denn man konnte die Nähte sehen. Mischa fing an zu weinen und rannte nach Hause, um sich eine normale Hose anzuziehen. Aber gehänselt wurde er noch lange.

FEBRUAR 27

1879

ENTDECKUNG DES KÜNSTLICHEN SÜSSSTOFFS SACCHARIN

Mein großer Bruder, der noch vor dem Krieg geboren wurde, erzählte mir einmal von dem Leckersten, was er je gegessen habe. Einmal, während der Evakuierung, hatte ein Mädchen, mit dem er damals befreundet war, ihn und noch ein paar andere Kinder zum Geburtstag eingeladen. Die Mutter dieses Mädchens hatte für die Kinder ein Festessen improvisiert. Dieser Schmaus hieß »Torte« und wurde, wie sich später herausstellte, aus Kartoffelschalen, Margarine und Saccharin zubereitet. »So etwas Leckeres habe ich nie wieder gegessen!«, sagte mein Bruder. Ich glaubte ihm.

FEBRUAR
28

1935

WALLACE CAROTHERS ERFINDET DAS NYLON

Nylonhemden galten nicht nur als äußerst modisch, sondern auch als sehr praktisch, weil sie einfach zu waschen waren und nicht gebügelt werden mussten. Ich hatte auch so eins. Immer, wenn ich es in der Dunkelheit über den Kopf zog, schossen elektrische Funken mit unheilvollem Knistern durch das ganze Zimmer.

FEBRUAR

... kommt einmal alle vier Jahre vor ...

M Ä R Z

MÄRZ

1

1873

REMINGTON BEGINNT MIT DER PRODUKTION DER ERSTEN SCHREIBMASCHINE

Meine allererste Schreibmaschine war eine *Rheinmetall* — sie stammte noch aus der Zeit vor der Revolution, war aus Metall, schwer und mit einigen Buchstaben der alten Rechtschreibung. Ich hatte sie in einem Leihhaus gekauft.
Einmal kam ein Fräulein zu Besuch, das es mit dem Rotwein übertrieben hatte und sich direkt auf meine Maschine übergab.
Später scheuerte ich sie lange mit allerlei feuchten Lappen, aber sie roch trotzdem und gab die erste Zeit Spritzer von etwas Rotem ab. Das Fräulein habe ich seitdem kein einziges Mal wiedergesehen, aber es aus naheliegenden Gründen in Erinnerung behalten. Wo sie jetzt wohl sein mag?

MÄRZ 2

1911

IN MOSKAU FINDET DER ERSTE AUFTRITT DES RUSSISCHEN PJATNITZKI-VOLKSCHORS STATT

Wie ich das herablassende, betont langsame Sprechen des Radiomoderators hasste, wenn ich ungeduldig auf das Kinderhörspiel wartete: »Und nun. Hören Sie. Den russischen. Pjatnitzki-Volkschor. Mit der. Aufführung. Von ...«
Und tatsächlich schien es, als ob es ewig dauerte, als ob die Zeit stillstand und sich meine langersehnte Begegnung mit dem geliebten Buratino* ins Unendliche hinauszögerte.

MÄRZ
3

1875

PREMIERE VON GEORGES BIZETS OPER *CARMEN*

An einem Wintermorgen, das ist schon lange her, kommt Klawdia Nikolajewna im Morgenmantel und in ausgelatschten Lederpantoffeln mit einem siedend heißen Teekessel aus der Küche. Dabei schmettert sie laut und leidenschaftlich »Liebst du mich nicht, bin ich entflammet, und wenn ich lieb, nimm dich in Acht!« Tara-ta-ta …

MÄRZ

1152

WAHL DES STAUFERS FRIEDRICH I. — GENANNT BARBAROSSA — ZUM RÖMISCH-DEUTSCHEN KÖNIG

Als ich erfuhr, dass dieser prachtvolle und wohlklingende Beiname lediglich »Rotbart« bedeutet, war ich enttäuscht.

MÄRZ
5

1953

TOD DES RUSSISCHEN KOMPONISTEN, PIANISTEN UND DIRIGENTEN SERGEI PROKOFJEW

Aus naheliegenden Gründen erfuhr man lange nichts davon. Es gab an diesem Tag Wichtigeres zu berichten.* Wer ist schon Prokofjew?

MÄRZ
6
1925

DIE ERSTE NUMMER DER JUGENDZEITUNG
***PIONERSKAJA PRAWDA* ERSCHEINT**

Als ich etwa elf Jahre alt war, schrieb ich ein Gedicht, das mit den Worten »Afrika, guten Morgen« endete. Ich habe es sofort an die *Pionerskaja Prawda* geschickt.
Nach einem Monat erhielt ich einen Antwortbrief vom Verlag, den ich noch lange aufbewahrte. In der Nachricht hieß es: »Ihre Gedichte sind offenherzig geschrieben, aber deren literarische Qualität ist noch nicht hoch genug. Lit. Redakteur Kokljuschew«. Ich war dermaßen stolz auf diesen Brief, dass mich die Absage gar nicht besonders traurig machte und ich auch den Nachnamen des literarischen Redakteurs nicht lächerlich fand.*
Aber da beschloss ich, nie wieder Gedichte zu schreiben.

MÄRZ 7

321

DER RÖMISCHE KAISER KONSTANTIN DER GROSSE ERKLÄRT DEN SONNTAG ZUM FEIERTAG

»Sonntag komm ich dich besuchen, Sonntag gibt's für Stalin Kuchen, gibt's für Hitler in den Arsch, und dann Marsch!«, trällerte mein großer Bruder laut, während er mit großem Getöse die Liege zusammenklappte. Der Tag versprach, heiter zu werden.

MÄRZ

1824

FRANZ LISZT DEBÜTIERT ERFOLGREICH IN PARIS

Eine Obdachlose im Herrenmantel, mit Bierflasche in der Hand, erzählte ihrem Kumpanen, der ebenfalls eine Pulle hatte und ein frisches Veilchen unter dem linken Auge: »Liszt konnte übrigens mit einer Hand anderthalb Oktaven greifen.« Was war das denn?

MÄRZ 9

1895

TOD LEOPOLD VON SACHER-MASOCHS

In Lwiw wurde mir sein Wohnhaus gezeigt. Im Hof hing Wäsche und aus den Wohnungen hörte man verschiedene Fernsehprogramme laufen. Ein Haus wie jedes andere.
Außerdem gibt es dort ein Hotel, von dem man sagt, Casanova habe dort Halt gemacht. Im Großen und Ganzen eine interessante Stadt.

MÄRZ 10

1710

DRUCK DES ERSTEN RUSSISCHSPRACHIGEN GEOGRAFIE-LEHRBUCHS

In Geografie kannte ich mich sehr gut aus, da über meinem Schreibtisch eine politische Weltkarte hing, auf die ich immerzu starrte und so tat, als ob ich Rechenaufgaben lösen würde.
Auf diese Weise prägte ich mir die Karte ein und kann bis heute die Umrisse aller Kontinente aufzeichnen. Außerdem kannte ich die Hauptstädte aller noch so kleinen Staaten, was bei vielen für Begeisterung sorgte. Inzwischen habe ich schon einiges vergessen. Schade.

MÄRZ
11

1869

IN CHINA BEKOMMT EIN FRANZÖSISCHER NATURFORSCHER DAS FELL EINES UNBEKANNTEN TIERES — EINES PANDABÄREN — GESCHENKT

Ich weiß nicht mehr, wie dieses Tier genau aussieht. Ich erinnere mich nur, dass es niedlich war. Ist das der Bär mit den schwarzen Ringen um die Augen? Richtig?

MÄRZ
12

1839

ERSTMALIGE VERWENDUNG EINES »TUTU« IM BALLETT

Wie wurde eigentlich vorher getanzt? Kaum vorstellbar. Noch unvorstellbarer ist eine Zeit, in der es den Tanz der vier kleinen Schwäne noch nicht gab. Wie haben die Menschen damals bloß gelebt?

MÄRZ
13

1913

GEBURT DES SOWJETISCHEN POETEN, FABELDICHTERS UND AUTORS DER DREI HYMNENTEXTE* UNSERES LANDES SERGEI MICHALKOW

Seltsamerweise weiß ich das noch ganz genau. Es liegt daran, dass meine Mutter oft erwähnte, dass Michalkow im selben Jahr wie sie geboren wurde. Sie fügte immer hinzu: »Auch am dreizehnten, nur ich am dreizehnten Mai und er am dreizehnten März. Was für ein Zufall!« Ja wirklich, was für ein Zufall. Einfach ein unglaublicher Zufall.

MÄRZ

1956

DAS AMERIKANISCHE UNTERNEHMEN *AMPEX* PRÄSENTIERT DEN ERSTEN VIDEOREKORDER DER GESCHICHTE

In Moskau dagegen kamen diese erst in den 1980er-Jahren in Umlauf. Sehr wenige besaßen so ein Gerät. Und zu diesen wenigen ging man gezielt zu Besuch, um ausländische Filme zu sehen, die hier nicht gezeigt wurden. Davon gab's natürlich viele.

Manche meinen, dass das private Video den Niedergang der Sowjetmacht stark beschleunigt und befördert hat.

MÄRZ
15

1917

WLADIMIR LENIN VERKÜNDET INESSA ARMAND IN EINEM BRIEF DIE ÜBERWÄLTIGENDE NACHRICHT VON DER RUSSISCHEN REVOLUTION

Gemeint war selbstverständlich die Februarrevolution, die sich ja — nach der alten Zeitrechnung — im Februar ereignete. Doch Wladimir Iljitsch befand sich zu diesem Zeitpunkt in der Schweiz. Als ich einmal in Zürich war und durch die Stadt spazierte, kam ich zufällig zu einem kleinen, sehr gemütlichen Platz und stieß buchstäblich auf eine Gedenktafel. Darauf stand, dass in diesem Haus Lenin gelebt habe. Die Füße hatten mich, wie man so schön sagt, von selbst hierher getragen. Ich stand dort und fragte mich, was wohl im Kopf eines Menschen vorgehen muss, der an einem solch paradiesischen Ort lebt und zugleich von der Weltexplosion träumt.

MÄRZ 16

1831

VICTOR HUGOS ROMAN
DER GLÖCKNER VON NOTRE-DAME
ERSCHEINT

In meiner Kindheit liebte ich diesen Roman. Die Kathedrale selbst habe ich erst im Jahr 1991 gesehen, als ich zum ersten Mal nach Paris kam. Das Fenster meines Hotelzimmers, in dem ich einquartiert wurde, ging zu dieser Kathedrale hinaus. Ansonsten kann ich nichts weiter dazu sagen. Gar nichts.

MÄRZ
17

1941

ERÖFFNUNG
DER NATIONALEN KUNSTGALERIE
IN WASHINGTON

Ich mag Museen nicht besonders. Natürlich prahle ich nicht mit dieser Abneigung, aber ich verheimliche sie auch nicht. Bei jedem Museumsbesuch packt mich ein Anfall nervöser Unruhe, fast schon Panik. Als Kind, wohlgemerkt, hatte ich das noch nicht.
Märkte und Friedhöfe versuche ich jedoch überall, wo ich zum ersten Mal bin, zu besuchen.

MÄRZ
18

1871

GRÜNDUNG DER PARISER KOMMUNE INFOLGE EINES BEWAFFNETEN BÜRGERAUFSTANDES UND DES STURZES DER BOURGEOISEN REGIERUNG

Oh, ja! Daran kann ich mich sehr gut erinnern. In meiner Kindheit war das immer ein besonderes Fest. Es hieß »Tag der Pariser Kommune«. Zu diesem Anlass kam jedes Mal *Gavroche* im Fernsehen. Allerdings handelte der Film von Ereignissen, die nichts mit der Pariser Kommune zu tun hatten. Es ging um eine ganz andere Revolution, wenn auch in derselben Stadt. Aber es hat anscheinend niemanden groß gestört.

MÄRZ
19

1962

TOD DES SOWJETISCHEN MILITÄRS, GENERALLEUTNANTS DER LUFTSTREITKRÄFTE UND SOHN JOSEF STALINS, WASSILI STALIN

Ich erinnere mich sehr vage, wie durch einen rosa Nebelschleier: ich als Fünfjähriger bei der Luftfahrtparade in Tuschino. Keine Ahnung, warum mich meine Eltern dorthin mitgeschleppt haben. Wahrscheinlich haben sie keinen Babysitter gefunden. Ich muss dringend mein »kleines Geschäft« erledigen. Mama sagt: »Halt' noch einen Moment aus, wir gehen gleich.« Über unseren Köpfen Flugzeuglärm. Ich halte aus, rutsche auf meinem Sitz hin und her und halte mir die Ohren zu. Papa sagt: »Schau, in der Maschine fliegt Wassili Stalin.« Ich sah hinauf, doch in welchem Flugzeug genau Wassili Stalin flog, habe ich nicht verstanden.

MÄRZ
20

1852

VERÖFFENTLICHUNG VON HARRIET BEECHER STOWES ROMAN *ONKEL TOMS HÜTTE*

Ich glaube, das war das zweite Buch in meinem Leben, bei dem ich weinen musste. Das erste war das Märchen *Das goldene Ei*. Immer, wenn Mama mit ihrer besonderen Intonation die Worte »Weine nicht, Großvater, weine nicht, Großmutter« vorlas, brach ich in bittere Tränen aus. Mama hingegen lächelte und beruhigte mich schnell.

MÄRZ
21

1963

SCHLIESSUNG DES GEFÄNGNISSES ALCATRAZ

Ich habe dort eine Führung gemacht, als ich im Frühjahr 1991 in San Francisco war. Ich erinnere mich, wie wir — gerade aus dem halb verhungerten Moskau gekommen — über die Musterration der Insassen staunten. Zum Frühstück gab es zwei Eier, eine Tasse Kaffee und noch etwas. Na, und so weiter.

MÄRZ
22

1933

IN DACHAU WIRD DAS ERSTE KONZENTRATIONSLAGER IM FASCHISTISCHEN DEUTSCHLAND IN BETRIEB GENOMMEN

Als ich 60 Jahre später mit der Münchner U-Bahn fuhr, saßen mir zwei ältere Damen gegenüber, die miteinander Russisch sprachen. Aus ihrem Gespräch konnte ich heraushören, dass sie russisch-jüdische Emigrantinnen waren, die noch nicht so lange in Deutschland lebten. Einiges gefiel ihnen hier, anderes wiederum nicht.

Die eine sagte zu ihrer Begleiterin: »Ich versuche, so selten wie möglich nach München zu fahren. Diese ganzen Menschenmassen, das Gedränge, man kann sich überhaupt nicht zurechtfinden. Hier verliere ich mich so schnell und werde schrecklich müde. Wenn ich dann aber zurück in Dachau bin, fühle ich mich wieder wie zu Hause. Es ist alles klar und überschaubar. Ruhig und entspannt ...«

MÄRZ 23

1839

DAS WOHL ERSTMALIGE AUFTRETEN DES AUSDRUCKS »OK« — DAS VON ALLEN GELIEBTE OKAY

Meiner Meinung nach ist das wirklich ein großes Fest, eines von internationaler Bedeutung. Es wäre großartig, wenn es einen »Tag des OK« geben würde. Das wäre OK!

MÄRZ 24

1882

ROBERT KOCH STELLT VOR DER *BERLINER PHYSIOLOGISCHEN GESELLSCHAFT* SEINE SENSATIONELLE ENTDECKUNG DES TUBERKULOSEERREGERS VOR

Tschechow und *Der Zauberberg* kamen erst deutlich später. Anfangs assoziierte ich mit dem Wort »Tuberkulose« eher etwas Angenehmes, sogar Privilegiertes. Denn bei meinem Klassenkameraden Stepanow wurde eben diese »Berkulose« festgestellt, woraufhin er für mehrere Monate in ein Sanatorium geschickt wurde. Dies allein machte uns schon schrecklich neidisch, aber als wir dann auch noch erfuhren, dass er dort den ganzen Tag spazieren gehen sollte, ließen wir erst recht den Kopf hängen. Wir müssen hier den ganzen Tag die Schulbank drücken und er geht dort spazieren. Dabei ist er angeblich krank! So krank wäre jeder gerne!

MÄRZ 25

1918

TOD DES FRANZÖSISCHEN KOMPONISTEN, PIANISTEN, DIRIGENTEN UND MUSIKKRITIKERS CLAUDE DEBUSSY

Ich erinnere mich sehr gut an den Tag, an dem ich erfuhr, dass Debussy und *BBC* zwei komplett verschiedene Dinge sind. Es war ein sonniger Frühlingstag, ich hatte mal wieder eine Mandelentzündung und hörte Radio. Dort wurde »Debussy« gesagt und ich sagte »*BBC*«. Aber mein Vater sagte, Debussy sei ein Komponist und *BBC* ein feindlicher Radiosender »gegen uns«.
Später hörte ich sowohl den einen als auch den anderen sehr gerne. Und noch später schien mir, dass sogar Debussy »gegen uns« ist.

MÄRZ
26

1937

**MIT POPEYE WIRD ERSTMALS
EINER ZEICHENTRICKFIGUR
EIN DENKMAL ERRICHTET**

Wir hatten schon früh einen Fernseher. Vielleicht waren wir sogar die Allerersten im Haus. Vielleicht aber auch die Zweiten. Auf jeden Fall kamen abends immer alle Mitbewohner zu uns, um unseren Fernseher, der noch eine Vergrößerungslinse hatte, zu nutzen. Einige machten sich sogar schick für diesen Anlass. Als ob sie ins Theater gingen.

Mein Kumpel Smirnow, dessen Familie ebenfalls ein solches Gerät besaß, und ich stritten währenddessen hitzig im Hof darüber, wessen Fernseher was zeigt. So prahlte ich beispielsweise: »Heute läuft bei uns *Die goldene Antilope*!« Er daraufhin wutentbrannt: »Ha! Lüg nicht! Die läuft heute bei uns!« — »Nein, bei uns!«, schrie ich zurück. Manchmal kam es sogar zur Prügelei.

Dass dasselbe Programm von zwei Fernsehern gleichzeitig gezeigt werden könnte, kam uns nicht in den Sinn.

MÄRZ 27

1893

DER SCHWEIZER UHRENHERSTELLER *LONGINES* LÄSST SEIN LOGO REGISTRIEREN

Mein Vater trug jahrelang eine *Longines*-Uhr. Er hatte sie von der Front mitgebracht. Als ich in der siebten Klasse war, bekam er zu seinem runden Geburtstag eine neue Uhr geschenkt. Die *Longines* überließ er mir. Ich trug sie auch sehr lange. Irgendwann ging sie kaputt. Dann ließ ich sie reparieren. Später habe ich sie in Estland am Strand verloren.

Die meisten hatten damals eine runde Uhr, meine dagegen war rechteckig. Anfangs schämte ich mich etwas dafür, weil ich fand, dass sie wie eine Damenuhr aussah.

MÄRZ
28

1709

GRÜNDUNG DER *MEISSENER* *PORZELLAN-MANUFAKTUR*

Als Kind war ich ein schlechter Esser. Mama wandte manchmal einen kleinen Trick an. Sie brachte ihre Suppe heimlich zur Nachbarin Jelena Illarionowna, die mich wiederum »zum Mittagessen einlud«. Bei ihr schmeckte mir immer alles sehr gut. Vor allem auch deshalb, weil ihr Geschirr mir so gut gefiel. Teller, Untertassen, Tassen und Terrinen — alles deutsche Kriegsbeute.
»Ihre« Suppe aß ich mit großem Appetit und erzählte danach meiner Mutter: »Diese Suppe war lecker, aber deine nicht.«
Wann ich von dieser List erfuhr? Ich weiß es nicht mehr.

MÄRZ
29
1899

GEBURT DES SOWJETISCHEN POLITIKERS, STAATSMANNES UND ENGSTEN VERBÜNDETEN STALINS LAWRENTI BERIA

Wir wohnten am Nikitskije Worota-Platz in der Skarjatinski-Gasse. Nicht weit von uns, an der Ecke Gartenring und Katschalow-Straße, der heutigen Malaja Nikitskaja-Straße, lebte auch Beria.
Wenn mein aus einfachen Verhältnissen stammendes Kindermädchen mit mir durch die Nachbarschaft spazierte, kamen wir nie direkt am Haus von Beria vorbei. Sie hatte Angst. Alle hatten Angst vor ihm.
Selbst als im Sommer 1953 verkündet wurde, dass er Feind und Spion sei und deshalb erschossen wurde, sprachen meine Eltern und die Nachbarn darüber nur im Flüsterton.

MÄRZ 30

1896

DIE WELT ERFÄHRT ERSTMALS VON DER PSYCHOANALYSE

Bin so sauber, bin so rein,
Bin ein rechter Seifenfex.
Hab von früher, war noch klein,
einen leichten Waschkomplex.

MÄRZ
31

1893

**WHITCOMB JUDSON AUS CHICAGO ERFINDET
DEN REISSVERSCHLUSS**

Eine Hose mit Reißverschluss galt lange als Luxus. »Er hat sogar eine Hose — und noch dazu mit Reißverschluss«, hieß es in einem Lied von Alexander Galitsch*.
Vorher wurden die Hosen geknöpft, was jedes Mal ziemlich viel Zeit in Anspruch nahm. Besonders morgens, wenn die Finger noch nicht so beweglich waren, man es aber eilig zur Schule oder Arbeit hatte. Viele vergaßen auch, ihre Hosen zu schließen und die Knöpfe schauten heraus, was den anderen zur Belustigung diente.
Ein offener Hosenstall war der Albtraum von Schauspielern, Dozenten, Lehrern und Fremdenführern.

APRIL

APRIL 1

1938

BEGINN DER MASSENDISTRIBUTION LÖSLICHEN KAFFEES

Ich kann mich genau erinnern, dass ich ihn zum ersten Mal im Winter des Jahres 1962 entdeckt und probiert habe. Mein Vater hatte dieses modische Zeug irgendwo aufgetrieben. Überhaupt hatte er eine Schwäche für die verschiedensten Neuheiten. Löslicher Kaffee. Lokale Produktion.

Wenn meine Eltern nicht zu Hause waren, schüttete ich mehrere Löffel des magischen Pulvers in eine Tasse, übergoss es mit kochendem Wasser, legte ein Scheibchen Zitrone darauf und trank es, während ich im Sessel saß und so tat, als würde ich im Ausland leben. In einer Hand das dampfende Getränk. In der anderen die imaginäre Zigarre. Zwischen zwei Schlückchen führte ich meine beiden gespreizten Finger an die Lippen, nahm nachdenklich einen Zug und schaute lange geistesabwesend an die Decke, wobei ich »Ringe« blies.

Das war wunderbar!

APRIL 2

1833

PUSCHKINS ROMAN *JEWGENI ONEGIN* ERSCHEINT IN VOLLSTÄNDIGER AUSGABE

Einmal in der achten Klasse rief mich die Lehrerin Irina Petrowna an die Tafel und fragte, wer die Hauptfiguren im *Onegin* seien. Aus irgendeinem Grund — wahrscheinlich, weil ich originell sein wollte — sagte ich, dass es da nur einen Protagonisten, beziehungsweise genau genommen eine Protagonistin gebe. »Wer soll das denn sein?«, fragte die Lehrerin mit didaktischem Blick. »Die Oneginstrophe«*, antwortete ich. Und wurde sofort mit einer fetten Fünf an meinen Platz zurückbeordert.
Die Sache ist nur die, dass ich auch jetzt noch davon überzeugt bin.

APRIL 3

1879

SOFIA WIRD HAUPTSTADT BULGARIENS

Als mein Vater im Winter 1961 aus Bulgarien, wo er ungefähr ein halbes Jahr gearbeitet hatte, zurückkam, brachte er viele Geschenke mit. Darunter waren auch einige Flacons Rosenöl. Einer der Flacons war im Koffer zu Bruch gegangen. Danach duftete unsere Wohnung einige Monate lang stark nach Rosenaroma.
Am Anfang war das angenehm. Dann wurde es langsam ekelerregend. Mir gefällt es, dass die Rosen, die heutzutage in den Blumenläden verkauft werden, überhaupt nicht riechen.

APRIL

1147

ERSTE ERWÄHNUNG DES WORTES »MOSKAU«

Im Frühling des Jahres 1947, also meines Geburtsjahres, fand in Moskau ein grandioses Fest statt: die 800-Jahr-Feier Moskaus.
Das war eine unglaublich pompöse und stark besuchte Feierlichkeit. Meine Eltern wollten unbedingt zu diesem »Volksfest«. Und sie wagten es, zusammen mit mir, einem Säugling, dahin zu gehen. Im furchtbaren Gedränge wurde ich beinahe zerquetscht. Letzten Endes wurde ich dann doch nicht zerquetscht. Und mein großer Bruder hat dort seine Mütze verloren. Nicht schlimm, natürlich. Aber immerhin eine Mütze! Schade.

APRIL 5

1874

**URAUFFÜHRUNG DER BERÜHMTEN OPERETTE
DIE FLEDERMAUS VON JOHANN STRAUSS
(DEM JÜNGEREN) IN WIEN**

In meiner Kindheit liebte ich es, im Fernsehen Feiertagskonzerte anzuschauen. Vor allem wartete ich immer auf das Ende, wenn Kabarettisten und andere Komiker auftraten. Die Opernsänger und Ballettänzer mochte ich weniger. Aber irgendwie habe ich sie ertragen.
Nur wenn dann der Moderator verkündete, dass jetzt »eine Szene und ein Duett aus der und der Operette« kämen, bin ich sofort aus dem Zimmer gerannt, weil ich diese furchtbar widernatürlichen Stimmen und Intonationen nicht ertragen konnte. Diesbezüglich hat sich seitdem wenig verändert.

APRIL 6

2005

TOD DES ZWÖLFTEN FÜRSTEN VON MONACO RAINIER III., DER VON 1949 BIS 2005 REGIERTE

Ich besaß irgendwann mal eine Briefmarke mit seinem Konterfei. Eine große Briefmarke war das — bunt und schön. Er war darauf jung, lockig und trug eine weiße Militäruniform mit Epauletten.

APRIL 7

1899

DIE ERSTE ELEKTRISCHE STRASSENBAHN MOSKAUS WIRD IN BETRIEB GENOMMEN

Bei uns im Nachbarhaus lebte ein Junge. Er hatte nur ein Bein und ging auf Krücken. Mit vier Jahren war er aus dem Hoftor gerannt, wurde von einer Straßenbahn angefahren und verlor ein Bein.
Seine Eltern redeten ihm ein, dass sein Bein mit der Zeit wieder nachwachsen würde. Und er glaubte felsenfest daran. Lange glaubte er daran. Und von Zeit zu Zeit sagte er: »Wenn mein Bein wieder nachgewachsen ist, spiele ich auch Fußball.« Wieso seine Eltern so dumm waren und das gemacht haben, verstand ich schon damals nicht und verstehe es auch heute nicht.

APRIL 8

1766

**IN DEN USA WIRD DIE ERSTE
FEUERLEITER PATENTIERT**

Als Kolja Lepin an der Feuerleiter hing, schlich sich Witja Leonow, der Rowdy, von hinten an ihn heran und zog ihm seine Pluderhose aus Satin samt der Unterhose herunter.
Kolja blieb so hängen, weil seine Hände nicht frei waren.
Und da waren Mädchen.
Und alle haben sehr gelacht. Die Mädchen haben auch gelacht, sich aber dabei weggedreht.

APRIL

1699

PETER I. ERLÄSST DAS DEKRET *ÜBER DIE EINHALTUNG DER SAUBERKEIT IN MOSKAU SOWIE DIE STRAFE FÜR DAS ENTSORGEN VON UNRAT UND ALLERLEI ABFALL AUF DEN STRASSEN UND GASSEN*

Der Platz zwischen dem Schuppen und der verrosteten Garage war immer frisch zugeschissen. Dort konnte man auch auf eine tote Ratte treten. Dort geschah auch allerlei »Unfug«. Der Hausmeister Farid ließ sich dort niemals blicken. Das war ein guter Ort — sehr ruhig.

APRIL 10

1710

IN ENGLAND TRITT DAS URHEBERRECHTSGESETZ IN KRAFT

Smirnow und ich stritten uns ständig darüber — manchmal sogar so heftig, dass es zur Prügelei kam, — wer als Erster den einen oder anderen Witz gemacht hatte. Die Witze waren meist von der Art, dass ich sie ihm heute alle überlassen würde.
Aber damals — nein, da stritten wir uns.

APRIL
11

1857

**ZAR ALEXANDER II. BESTÄTIGT DEN DOPPELADLER
ALS STAATSWAPPEN RUSSLANDS**

Es gab so eine Zeit (nicht lange, übrigens), als ich mir einen Zwillingsbruder wünschte. Als ich aber von einem Erwachsenen erfuhr, dass es neben all den anderen auch siamesische Zwillinge gibt, fing ich an, von einem siamesischen Zwilling zu träumen. Ich stellte es mir toll vor, zwei Köpfe zu haben, die stundenlang miteinander quatschen können.

APRIL
12

1861

ERLASS DES DEKRETS *ÜBER DIE ERRICHTUNG DES ALEXANDER-KRANKENHAUSES FÜR DIE ARBEITENDE BEVÖLKERUNG VON SANKT PETERSBURG ZUM GEDENKEN AN DEN 19. FEBRUAR 1861**

Im Bezirkskrankenhaus von Mytischtschi, wo mir die Mandeln herausgenommen wurden, gab es einen Chirurgen, der hieß Tigran Aramowitsch Mchitarjan. Er war groß, dick und hatte einen Schnurrbart. Wenn er operierte, sang er. Und durch die Mullbinde stach sein drahtiger Schnurrbart hindurch.
Außerdem kursierten Legenden von seiner unglaublichen Körperkraft. Einige Männer aus meinem Krankenzimmer erzählten begeistert davon, wie er einmal ins Zimmer kam, sah, dass die Kranken, denen strengste Bettruhe verordnet war, in ihren Betten saßen und Karten spielten, das ganze Kartendeck nahm und mit einer Bewegung entzwei riss.
»Was'n Kerl!«, staunten die Patienten.

APRIL 13

1902

IN SANKT PETERSBURG WIRD DER ERSTE TROLLEYBUS RUSSLANDS GETESTET

Früher einmal fuhren sowohl der Bus der Linie 6 als auch der Trolleybus der Linie 6 durch das Zentrum. Beide fuhren am alten Gebäude der Moskauer Staatlichen Universität vorbei. Aber ihre Haltestellen befanden sich an verschiedenen Stellen, ungefähr 300 Meter voneinander entfernt.
Einmal, als ich an der Universität vorbeiging, kam ein sturzbetrunkener Mann zu mir und fragte mich mit übertriebener Höflichkeit, wie man sie bei Betrunkenen manchmal antrifft: »Tschuldgn S bitte, wo hält hier die 6?« — »Der Bus oder der Trolleybus?«, fragte ich. »Vieln Dank!«, sagte er von ganzem Herzen und ging weiter.

APRIL 14

1908

VERÖFFENTLICHUNG DES ERSTEN BANDES DER HUMORISTISCHEN WOCHENZEITUNG *SATIRIKON*

Wir hatten eine Nachbarin, die hieß Jelena Illarionowna. Wie sich später herausstellte, war sie eine »von früher« und hatte in ihrer Kindheit einen deutschen Nachnamen. Ich glaube, es war Frank.
Offensichtlich konnte sie sowohl ihre adelige als auch ihre deutsche Herkunft gut verbergen und spielte gekonnt die »Frau vom Lande«. Sie sprach laut und absichtlich fehlerhaft. Ich fand zum Beispiel das »Betlaken« (statt »Bettlaken«) und den »Schemmel« lustig.
Nach Stalins Tod, als alles ein bisschen auftaute, fing sie sehr langsam an, sich »zu öffnen«. Es stellte sich heraus, dass sie ein Gymnasium besucht und in ihren Mädchenjahren an poetischen Diskussionen teilgenommen hatte und dass sie viele Gedichte auswendig konnte. Durch sie habe ich auch vom Dichter Sascha Tschorny* erfahren und von der »unheimlich lustigen« Zeitschrift *Satirikon*.

APRIL
15
1912

IM ATLANTIK VERSINKT NACH DEM ZUSAMMENSTOSS MIT EINEM EISBERG DIE *TITANIC*, DAS GRÖSSTE ENGLISCHE PASSAGIERSCHIFF DES 20. JAHRHUNDERTS

In einem Interview wurde ich einmal gefragt, wie ich meine Rolle in der gegenwärtigen Kultur sehe. Da die Frage mit ziemlich viel Pathos formuliert war, das mir prinzipiell fremd ist, überlegte ich eine Weile, um etwas zu entgegnen, was das unpassende Pathos mindern würde.
Aber ich fürchte, es kam genau umgekehrt. Weil ich plötzlich sagte, dass ich mich wie einer der Musikanten fühle, die an Bord der sinkenden *Titanic* spielten.

APRIL 16

1618

**WILLIAM HARVEY LEGT
ALS ERSTER EINE NEUE SICHT
AUF DEN MENSCHLICHEN
BLUTKREISLAUF DAR**

In meiner Kindheit habe ich es geliebt, Hölzchen zu schnitzen, wobei ich immer versuchte, irgendetwas wirklich Nützliches aus ihnen herzustellen. Zum Beispiel einen Dolch. Ein Dolch gelang mir nie, weil ich mich sofort am Finger schnitt und das Blut in alle Richtungen spritzte, auf mein Hemd und meine Hose. Mama streute, während sie gleichzeitig jammerte und schimpfte, weißes Streptozid auf meine Wunde (sie behandelte überhaupt alle meine Krankheiten mit weißem Streptozid), danach umwickelte sie den Finger mit einem Verband.

APRIL 17
1942

TOD DES RUSSISCHEN PHILOLOGEN, SOWJETISCHEN SPRACHWISSENSCHAFTLERS UND KORRESPONDIERENDEN MITGLIEDS DER SOWJETISCHEN AKADEMIE DER WISSENSCHAFTEN DMITRI USCHAKOW

»Schau doch Mal in den Uschakow rein«, sagte meine Cousine Mila, Studentin der philologischen Fakultät, oft zu ihrer Freundin Natascha, wenn sie zu uns aus Charkow zu Besuch kamen.

Später habe ich erfahren, dass Uschakow der Autor eines Bedeutungswörterbuchs ist. Aber damals kam mir diese lächerliche Phrase unglaublich witzig vor, weil Uschakow auch der Nachname eines unserer Nachbarn war, eines ewig betrunken und nichtsnutzigen Typen. Er war, glaube ich, Chauffeur. Oder Schlosser. Ich kann mich nicht mehr genau erinnern.

APRIL 18
1923

**IN DER UDSSR WIRD DIE PROLETARISCHE
SPORTORGANISATION *DYNAMO* GEGRÜNDET**

Aus irgendeinem Grund war mein Vater *Dynamo*-Fan. Mein großer Bruder hingegen war für *Spartak*. Wenn im Radio Fußball übertragen wurde, schrien sie nacheinander laut auf und schauten sich fast feindselig an. Ich schrie auch auf, zuckte vor Schreck zusammen und brach dabei die Spitze des Bleistifts ab, mit dem ich versuchte, ein Flugzeug zu zeichnen, das durch die Wolken flog.

APRIL
19

1935

IN DER UDSSR WIRD DIE FREIWILLIGE SPORTORGANISATION *SPARTAK* GEGRÜNDET

Vgl. 18. April.

APRIL 20

1901

FEIERLICHE EINWEIHUNG DES GROSSEN SAALS DES MOSKAUER KONSERVATORIUMS

Zum ersten Mal war ich merkwürdigerweise nicht als Zuhörer, sondern als Künstler dort. Unser Schulchor, in dem ich sang, nahm an irgendeiner Schau oder an einem Wettbewerb teil. Das fand eben dort statt.

Ich kann mich genau daran erinnern: Wir sangen das Lied: »Ein neuer Tag beginnt, wenn die Uhr im Kremlturm geschlagen hat. Alle sind froh gestimmt, guten Morgen, Moooooskau, meine Stadt!«.

Der Saal, das weiß ich noch, hat mich eher enttäuscht. Denn als man uns sagte, dass wir im Großen Saal auftreten, hatte ich mir diesen Saal viel größer vorgestellt, als er in Wirklichkeit war.

APRIL
21

1972

DIE LANDEFÄHRE DES AMERIKANISCHEN RAUMSCHIFFS *APOLLO 16* SETZT AUF DER MONDOBERFLÄCHE AUF

Von diesem Ereignis erfuhr ich, als ich gerade an einem Zeitungskiosk in der Nähe des Hauptfernmeldeamts stand. Dort sah ich eine ausländische (ich glaube, französische) Zeitung, auf deren Titelseite ein Foto der Mondoberfläche abgebildet war.
Aber ich habe nicht sie gekauft, sondern irgendeine sowjetische Zeitung, in der ich überhaupt nichts dazu fand.

APRIL
22

1724

GEBURT DES DEUTSCHEN PHILOSOPHEN UND BEGRÜNDERS DER DEUTSCHEN KLASSISCHEN PHILOSOPHIE IMMANUEL KANT

In Kaliningrad befindet sich sein Grab, das als Pilgerstätte für Touristen dient. Auch mich hat man dahin geführt. Ein Grab wie jedes andere. Überaus amüsant aber fand ich, dass gleich mehrere mit Bändern und Glöckchen geschmückte Hochzeitsautos zu diesem Grab gefahren kamen.

Mir wurde das so erklärt, dass die Frischvermählten aus Mangel an historischen Sehenswürdigkeiten in der Stadt üblicherweise zum Grab Kants kommen.

Ach, wenn sie doch über einige Details seiner Biografie Bescheid wüssten ...

Im Übrigen gibt es (oder gab es?) in Moskau eine nach der Krupskaja* benannte Entbindungsstation. Auch nicht schlecht!

APRIL 23

1907

JACK LONDON BEGINNT SEINE WELTUMSEGLUNG

Ich kann mich sehr gut daran erinnern, dass ich während der Lektüre von *Die Herrin des großen Hauses* Mürbekuchen aß. Bis heute lese ich gerne beim Essen.
Und als ich nach vielen Jahren aus irgendeinem Grund dieses Buch wieder öffnete und die Kuchenkrümel entdeckte, hätte ich fast geweint.

APRIL 24

1833

IN DEN USA WIRD
DAS SPRUDELWASSER PATENTIERT

Immer wenn mein Vater und ich aus dem Bezirksbad von Mytischtschi herauskamen, gehörte es zu unserem Ritual, in die dortige Cafeteria zu gehen, wo mein Vater einen Krug Bier trank und mir ein Glas Sprudelwasser mit dunkelrotem Sirup sowie ein Schoko-Bonbon *Lastotschka* (*Schwälbchen*) zustand. Aus irgendeinem Grund ausgerechnet dieses.

APRIL 25

1792

EINFÜHRUNG DER HINRICHTUNG DURCH DIE GUILLOTINE IN FRANKREICH

Einmal spielten Smirnow und ich Hinrichtung. Im Schuppen fanden wir eine Axt. Neben dem Schuppen entdeckten wir einen Block zum Holzhacken. Aber jemanden zum Hinrichten fanden wir nicht. »Lass uns eine Puppe von Tanja Sinodowa nehmen«, meinte Smirnow. »Die liegt eh nutzlos hinter der Truhe rum. Sie wird das gar nicht merken. Sie hat diese Puppe schon längst vergessen. Sie hat eine neue.«
Wir nahmen die Puppe. Wir brachten sie in den Hof. Wir hackten ihr den Kopf ab. Allerdings ging das nicht gleich auf einen Hieb, weil der Hals aus Stoff war und die Axt in ihm hängen blieb.
Dann trugen wir die Puppe, zusammen mit dem abgehackten Kopf, möglichst weit weg vom Ort des Verbrechens aus dem Hof und begruben sie auf einer Brache. Tanja hat wirklich nichts gemerkt.

APRIL
26

1658

AUF ERLASS DES ZAREN ALEXEI MICHAILOWITSCH WIRD DER HAUPTTURM DES MOSKAUER KREMLS IN SPASSKI-TURM (ERLÖSERTURM) UMBENANNT

Ich war mir sicher, dass dieser Turm, der immer auf Glückwunschkarten abgebildet war, der Kreml ist. Und dass Genosse Stalin ganz oben in diesem Turm sitzt, vielleicht sogar im Inneren des roten leuchtenden Sterns und dort unermüdlich arbeitet.

Anscheinend habe ich den Text des Gedichts aus dem Radio zu wörtlich genommen: »Über dem Kreml schwebt ein Ring. Das heißt, dass Stalin gerade raucht.«

APRIL 27

1965

IN DEN USA WIRD DIE WINDEL *PAMPERS* PATENTIERT

»Klawdia Nikolajewna, wieso haben Sie denn die Wickeltücher im Flur aufgehängt, ohne sie vorher zu waschen?«, fragte die selbstgerechte Xenija Alexejewna mit vorwurfsvoller Stimme. »Sogar in der Küche riecht es jetzt nach Pisse.«
»Aber das sind doch Kinderwindeln!«, entgegnete ihr die gescheite, aber nicht gerade hausfräuliche und auch nicht sehr reinliche Klawdija Nikolajewna. »Die für Kinder riechen doch nicht!«
»Die riechen sogar sehr«, antwortete Xenija Alexejewna wütend und öffnete mit einem Bein die Tür zu ihrem Zimmer, weil sie in ihren Händen gerade eine riesige Schüssel mit Frikadellen hielt.

APRIL 28

1813

TOD DES RUSSISCHEN HEERFÜHRERS UND GENERALFELDMARSCHALLS MICHAIL KUTUSOW

Sergej Alexandrowitsch, Pilot im Ruhestand, pflegte zu seiner Frau zu sagen: »Du hast keinen ›Napoleon‹ hingekriegt, sondern irgend so einen ›Kutusow‹*.«Dabei schüttete er sich aus vor Lachen. Ich lachte auch, obwohl ich nicht verstand, was daran witzig sein sollte.

APRIL 29

1932

IN DER UDSSR WIRD DIE BÜRGERMILIZ
BRIGADY SODEJSTWIJA MILIZII* (BRIGADMIL)
GEGRÜNDET

Kolja (außer Atem): Dima, hast du dich etwa noch nicht eingetragen?
Dima (überrascht): Wo?
Kolja: Dein Ernst? In die Brigadmil! Der Polizei helfen! Alle aus unserer Stufe haben sich schon eingetragen! Und du bist am Pennen! So verpennst du noch alles, Muttersöhnchen! (lachend)
Dima: Ist ja gut! Selber Muttersöhnchen! Wo kann man sich denn eintragen?

APRIL 30

1792

TOD DES ENGLISCHEN DIPLOMATEN UND ERFINDERS DES »SANDWICH« JOHN MONTAGU

Ein belegtes Brot mit Kochwurst oder mit einer hausgemachten Frikadelle wurde in Butterbrotpapier eingewickelt und in einem speziellen Fach meines Schulranzens verstaut. Dort lag auch der warme, schrumpelige Apfel, der vom Vortag übrig geblieben war. Das Papier war zu Unterrichtsende mit Fett durchtränkt und der Schulranzen roch nach Knoblauch. Das war mir peinlich.

M A I

MAI
1
1960

DER AMERIKANISCHE PILOT FRANCIS POWERS VERLETZT DEN SOWJETISCHEN LUFTRAUM UND WIRD ÜBER DER REGION SWERDLOWSK ABGESCHOSSEN

Dieser Tag blieb mir dadurch in Erinnerung, dass ich zusammen mit meinen Eltern im Sokolniki-Park war. Es war wunderschönes Wetter und es wurde laute, festliche Musik gespielt.
Eine alte Frau ging an uns vorbei. Sie sagte laut, ohne sich an jemanden Bestimmten zu wenden: »Es wird Krieg geben! Chruschtschow ist ein Parasit!«
Meine Eltern zuckten zusammen, wechselten einen Blick und schauten mich dann gleichzeitig an. Ich verstand, was los war. Aber ich hatte ja überhaupt nicht vorgehabt, irgendwem davon zu erzählen. Was ist los, meine Güte! Ich bin doch kein Kind mehr!

MAI
2

1764

AUF BEFEHL KATHARINAS II. WIRD AM UFER DER MOSKWA EIN *HEIM FÜR DIE AUFNAHME UND PFLEGE VON FINDLINGEN UND STRASSENKINDERN* GEGRÜNDET

Als ich etwa drei Jahre alt war, ging ich einmal verloren. Das kam so:
Mama schickte mich unter der Aufsicht meines großen Bruders in den Hof. Mein Bruder setzte mich auf eine Treppenstufe, befahl mir, still sitzen zu bleiben, und lief selbst zum Fußballspielen. Als er sich umdrehte, um nachzusehen, ob ich noch an meinem Platz saß, war ich verschwunden. Und auch im restlichen Hof nicht auffindbar.
Panik brach aus. Mama kam herbeigerannt. Die Nachbarinnen kamen herbeigerannt. Alle liefen in die verschiedensten Richtungen, um das Kind zu suchen. Sie befragten alle Passanten. Niemand hatte mich gesehen.
Eine der Nachbarinnen, die eigentlich schon auf nichts mehr hoffte, lief zur Feuerwehr, die sich ungefähr zwei Straßen-

MAI
2

1764

blöcke von unserem Haus entfernt befand. Dort eröffnete sich ihr die folgende Szene: Auf dem Tisch saß, umgeben von lachenden Feuerwehrmännern, der gepflegte, lockige kleine Ljowa mit einem Apfel in der einen Hand und einem Brötchen in der anderen und erzählte den Feuerwehrmännern, dass er weder Mama noch Papa habe und auf der Straße lebe. Als die Nachbarin mich gepackt hatte und anfing, mich aufgeregt zu umarmen und abzuküssen, fragte einer der Feuerwehrmänner: »Wieso achten Sie denn nicht auf Ihr Kind, gute Frau?« — »Ich bin nicht die Mutter«, sagte die Nachbarin und zog mich zum Ausgang. »Vielleicht lassen Sie ihn uns da?«, sagten die Feuerwehrmänner. »Das ist ein lustiges Kerlchen. Und uns ist hier langweilig.«
Ich glaube, ich widersetzte mich dem nicht sonderlich.

MAI

1904

**DER AMERIKANISCHE ERFINDER GEORGE PARKER
LÄSST SEINEN ERSTEN FÜLLFEDERHALTER PATENTIEREN**

Tintenkleckse waren überall: in meinem Heft, auf dem Zeigefinger meiner rechten Hand, auf meinem Ärmel, auf meiner Hose.
Vor Kurzem hat mir jemand einen hölzernen Füllfederhalter vom Flohmarkt geschenkt. Genau so einen Füllfederhalter wie aus meiner Schulzeit.
Ich nahm ihn in die Hand, sofort erwachte mein schlummerndes Muskelgedächtnis und mit ihm erwachte auch die ganze unentrinnbare Schulmelancholie. Und mir fielen wieder all die *Soldatiki*-Füller ein und die »unverschüttbaren« Tintenfässer, die sogar ziemlich verschüttbar waren, und die Kleckse natürlich, die endlosen und unvermeidbaren Kleckse.
Was wäre das auch für ein Leben ohne Kleckse!

MAI
4
1772

GEBURT DES DEUTSCHEN VERLEGERS UND GRÜNDERS DES *BROCKHAUS*-VERLAGS FRIEDRICH A. BROCKHAUS

Soweit ich mich zurückerinnern kann, solange erinnere ich mich auch an die *Kleine Brockhaus-Efron-Enzyklopädie*. Vier Bände. Heute noch steht sie bei mir zu Hause an einem weithin sichtbaren Platz. Jetzt lese ich nur noch selten darin.
Aber meine ganze Kindheit verbrachte ich mit endlosem Blättern in diesen schönen Büchern.
Ich erinnere mich, wie mein Freund Smirnow und ich Bilder zur Fauna Nordamerikas anschauten. Als wir über die Darstellung eines kleinen und unbegreiflichen Tieres stolperten und lasen, dass dieses Tier »Nordamerikanischer Stinker« heißt, mussten wir so laut lachen, dass Mama erschrocken aus der Küche herbeigelaufen kam, weil sie dachte, etwas sei passiert.

MAI

1818

GEBURT DES DEUTSCHEN PHILOSOPHEN, ÖKONOMEN UND SOZIOLOGEN KARL MARX

Die Verkaufsstelle für Kerosin befand sich in einer Anlage, die einer Erdhütte ähnelte. Man musste über eine kleine Leiter hinuntersteigen, wobei der Kanister die ganze Zeit gegen die abgewetzte Wand schepperte.
Unten, hinterm Ladentisch, saß ein alter Jude mit einem sehr traurigen Gesicht. Hinter seinem Rücken hing im geheimnisvollen Halbdunkel ein Porträt. Nur mit Mühe konnte man hinter dem gesprungenen Glas Karl Marx erkennen. Warum Karl Marx?

MAI

1994

FEIERLICHE ERÖFFNUNG DES TUNNELS VON LA MANCHE, DER FRANKREICH UND ENGLAND VERBINDET

Ich erinnere mich, wie in unserer Gemeinschaftsküche eine Frau mit dem seltsamen Namen Ganja den Nachbarinnen erzählte, dass zwischen Moskau und Leningrad ein geheimer Tunnel existiere, in dem zwei Reihen Panzer nebeneinander fahren könnten. »Da kann sogar eine Reiterarmee durchfahren«, fügte Ganja mit Nachdruck hinzu. »Ganz sicher. Ein Verwandter meines verstorbenen Mannes hat beim Bau der Metro gearbeitet. Er hat mir das erzählt. Aber ich sollte es nicht weitererzählen.«

Die Frauen nickten interessiert und verständnisvoll und stellten sich nicht die berechtigte Frage, was so ein Tunnel soll. Besonders für eine Reiterarmee.

MAI
7

1985

DER MINISTERRAT DER UDSSR VERABSCHIEDET DEN BESCHLUSS *MASSNAHMEN ZUR ÜBERWINDUNG DER TRUNKSUCHT UND DES ALKOHOLISMUS*

Ich erinnere mich, wie auf einmal alle Bierstuben und Weinläden schlossen.

Ich erinnere mich, wie die Zeitungen mutig verkündeten, dass Verkaufsstellen für Bier und Wein von nun an geschlossen blieben, dafür werde es mehr kühle Getränke geben, die gut für die Gesundheit seien.

Ich erinnere mich, wie sich die Situation dahingehend in gerade mal zwei Tagen änderte.

Ich erinnere mich, wie an einem dieser Tage über einem Bierausschank an der Metrostation *Taganskaja* geschrieben stand: »Bier« und etwas weiter unten: »Kein Bier«.

Ich erinnere mich, wie am nächsten Tag genau dort zwei ganz andere Aufschriften zu lesen waren. Oben stand »Kwas« und etwas weiter unten »Kein Kwas«.

Der entscheidende historische Umbruch zeigte sich also daran, dass es gestern kein Bier gab und heute keinen Kwas.

Und es begann eine neue Epoche mit gewaltigen Weinschlangen, die sich nach und nach in grandiose demokratische Demonstrationen verwandelten.

Und dann begann überhaupt eine andere Epoche.

MAI

1903

**TOD DES FRANZÖSISCHEN MALERS
UND POSTIMPRESSIONISTEN
PAUL GAUGUIN**

Unser Mal- und Zeichenlehrer Nikolai Nikolajewitsch, ein, wie uns damals schien, älterer komischer Kauz in staubigem Anzug und mit überkämmter Glatze, zog allen Spott auf sich. Besonders die Mädchen fanden Gefallen daran, sich offen über ihn lustig zu machen. Dieser Mensch, der eher gutmütig als boshaft, eher dümmlich als klug war, entschied — warum auch immer — auf die Frage nach seinen Lieblingskünstlern seine nach damaligen Maßstäben unerhört breite ästhetische Bildung zu demonstrieren und antwortete, dass sein Lieblingskünstler Van-Gauguin sei (wobei er natürlich die erste Silbe betonte), der zunächst sein Ohr abschnitt und dann nach Afrika auswanderte, wo er eine Papuafrau heiratete.

MAI

1837

GEBURT DES DEUTSCHEN GESCHÄFTSMANNS UND GRÜNDERS DER FIRMA *OPEL*, ADAM OPEL

Rostig und ohne Räder stand der *Opel*, eine Kriegsbeute, lange mitten im Hof. Man sagte, dass er dem einbeinigen Bajanspieler Onkel Kolja gehörte, doch ich sah nie, dass Onkel Kolja sich ihm überhaupt näherte.
Irgendwann nahm der kinderreiche wissenschaftliche Mitarbeiter Sergejenko dieses Automobil faktisch in Beschlag, richtete sich darin so etwas wie ein Büro ein und schrieb dort, versteckt vor seinen zahlreichen lauten Familienmitgliedern, seine Dissertation.

MAI
10
1956

DIE UDSSR SCHAFFT DIE AUSBILDUNGSGEBÜHREN FÜR DIE HÖHEREN KLASSEN DER MITTELSCHULE AB

Für meinen großen Bruder, der 1955 die Schule beendete, mussten wir noch zahlen.
Aber die Bezahlung war wohl eher symbolischer Natur. Deswegen hat auch niemand die Abschaffung besonders bemerkt.
Er erlebte auch noch den getrennten Unterricht für Jungen und Mädchen. Ich schon nicht mehr.
Ich erinnere mich sogar noch an den Namen des Mädchens, neben dem ich in der ersten Klasse saß. Sie hieß Tanja Tschwilewa. Sie war eine Einserschülerin und hatte eine schöne, gleichmäßige Handschrift. Nicht so wie ich.

MAI
11

1864

GEBURT DER ENGLISCHEN SCHRIFTSTELLERIN UND AUTORIN DES ROMANS *DIE STECHFLIEGE* ETHEL LILIAN VOYNICH

Während der Aufführung der *Stechfliege*, die wir mit der ganzen Klasse besuchten, musste ich auf einmal so schrecklich lachen, ganz ohne Grund, dass man mich mit Schimpf und Schande aus dem Saal warf.

MAI

1664

**URAUFFÜHRUNG VON MOLIERES
KOMÖDIE *TARTUFFE*
IN VERSAILLES**

Wobei das Lilikan-Theater* bis heute dieses großartige Stück nicht aufgeführt hat. Das ist doch nicht möglich!

MAI
13

1836

BAUBEGINN DER ERSTEN RUSSISCHEN EISENBAHNLINIE PETERSBURG – ZARSKOJE SELO – PAWLOWSK*

Alle zwei Tage, ungefähr um sechs Uhr abends, passierte der Zug *Moskau-Peking* die Station *Tajninskaja*. Wir gingen oft hinaus, um zu schauen, wie ein Zug vorbeifährt, der die Menschen in unendliche Weiten bringt.

Mit Sehnsucht und Neid sahen wir die Lampenschirme hinter den Zugfenstern und stellten uns vor, wie die Passagiere ihren Tee aus den typischen Glashaltern trinken oder sich mit einem Buch auf den oberen Liegen fläzen.

Und sie müssen sich nicht beeilen. Bis Peking ist es noch so weit. Welch ein Glück!

MAI 14

1905

ERÖFFNUNG DES PANORAMAS VON FRANZ ROUBAUD ZUM 50-JÄHRIGEN JAHRESTAG DER BELAGERUNG SEWASTOPOLS

Ich war da, als ich zum ersten Mal nach Sewastopol kam. Dort lebte mein Onkel, Mamas Bruder, ein Marineoffizier. Das war 1955. Ich ging in die zweite Klasse.
Die Stadt lag noch in Kriegsruinen. Ich sah Erdhütten, in denen Menschen lebten.
Dieses Panorama hat auf mich einen unwahrscheinlich starken Eindruck gemacht. Vergleichbar nur mit dem Besuch der Tschebureki-Imbissbude* auf dem Malachow-Kurgan.
Ich begann sofort zu spielen, ich sei Nachinow, Kornilow oder der Matrose Koschka.
Nachts träumte ich von gemalten Kanonen und echten Kugeln, gemalten Pferden und angespannten echten Wagen.

MAI
15

1867

GRÜNDUNG DES RUSSISCHEN ROTEN KREUZES

In der ersten Klasse wurde ich zum »Sanitäter« gewählt. Das war so ein Schuldienst. Darauf war ich sehr stolz.
Mama nähte mir deshalb eine Armbinde mit einem roten Kreuz und eine Umhängetasche, auch mit Kreuz. In die Tasche wanderten: ein Verband, ein Fläschchen mit Jod und noch etwas ... ich hab's vergessen.
In all der Pracht kam ich dann in die Schule. Und alle fingen sofort an, mich zu hänseln. Besonders als die Lehrerin Maria Wassilijewna mich beauftragte, mich neben der Klassenzimmertür aufzustellen und bei allen Kindern zu prüfen, ob ihre Hände gewaschen seien.
Natürlich tat ich mein Bestes, doch ohne besonderen Erfolg. Und auch den Verband und das Jod stibitzte mir jemand heimlich aus der Tasche und gab sie nicht zurück. So endete meine versprochene glänzende Karriere.
Am zweiten Tag blieben Armbinde und Tasche zu Hause und waren mir seitdem ein Dorn im Auge.

MAI
16

1924

IN DER UDSSR ERSCHEINT DIE ERSTE AUSGABE DER ZEITSCHRIFT *MURSILKA**

Ich erwartete mein Neujahrsgeschenk, ein schönes, quadratisches, mit einer Schleife drumherum. Eines, wie ich es gewohnt war. Zum Beispiel das Set *Waschdichweg**, mit einer kleinen Seife, einer kleinen Schachtel mit Zahnpulver und einem kleinen Kamm. Oder ein Ausmalbuch. Eine Packung *Spartak*-Buntstifte. Als gäbe es nicht genug großartige und vor allem ganz normale Sachen!
Doch dieses Mal überreichte mir Mama ein kleines, unscheinbares Zettelchen, vollgeschrieben mit nahezu unverständlichem Text. Ich verstand überhaupt nichts.
»Was ist das?«, fragte ich, bereit loszuheulen. »Das ist ein Jahresabonnement für die Zeitschrift *Mursilka*«, sagte Mama belehrend.
Ich verstand trotzdem nichts. Heulte aber auch nicht los. Besonders, weil mein Bruder mir gleich zwei Tafeln Schokolade schenkte. Dennoch war ich enttäuscht.
Das Zettelchen wurde lange zwischen anderen sinnlosen Papieren — ich nannte sie »Dokumente« — in einer alten Aktenmappe aufbewahrt, die mir mein Vater geschenkt hatte.

MAI
17
1861

ERSTE ÖFFENTLICHE VORFÜHRUNG EINER FARBFOTOGRAFIE NACH DEM VERFAHREN DES PHYSIKERS JAMES MAXWELL

Mein großer Bruder erzählte mir, dass in seiner frühen Jugend, das heißt in den 1950er-Jahren, die jungen Leute oft bei jemandem eine Krawatte ausliehen, wenn sie zum Fotografen gingen, um Portraitaufnahmen für Verwandte oder die Freundin zu machen. Dann, schon auf dem Foto, malten sie diese Krawatte mit Farbstiften aus. Und gelegentlich malten sie auch einfach eine Krawatte in das Foto, mit blauen, grünen und roten Streifen.

MAI
18

1977

AUF INITIATIVE DER SOWJETISCHEN DELEGATION WIRD WÄHREND DER XI. GENERALKONFERENZ DES INTERNATIONALEN MUSEUMSRATES DER INTERNATIONALE MUSEUMSTAG EINGERICHTET

Ungefähr ein Jahr nach Stalins Tod besuchten Mama und ich den Kreml, den man gerade erst für gewöhnliche Sterbliche geöffnet hatte. Die Zarenkanone, die Zarenglocke, die Kuppeln ...

Aus der Waffenkammer erinnere ich mich an die Stiefel Peters des Großen. Sie waren sehr hoch, was auch nicht verwunderlich ist. Wunderlicher erschien mir dagegen seine sehr kleine Schuhgröße. Oder die Stiefel sind so sehr eingegangen, ich weiß es nicht.

MAI
19
1922

GRÜNDUNG DER ERSTEN PIONIERORGANISATION, DIE AB 1926 *LENIN-PIONIERVERBAND* HEISST

Mein Vater war sein ganzes Leben lang stolz darauf, dass er einer der ersten Pioniere war. Seine Familie lebte unweit der Presnja*, dort wurde damals der erste Pionierverband gegründet.

Er erzählte auch oft, dass er vom Roten Platz, wo er seinen Fahneneid geleistet hatte, mit der Straßenbahn nach Hause fuhr. Und in derselben Bahn fuhren auch Trotzki und Kalinin.

Ich weiß nicht, ob das stimmt. Und werde es nun auch nicht mehr erfahren.

MAI
20
1873

GEBURTSSTUNDE DER JEANS

Als Erstes hatte ich eine polnische, in grauer Farbe, für sieben Rubel und sechsundachtzig Kopeken. Auf sie war ich mächtig stolz.
Danach hatte ich eine, die mein Freund, ein surrealistischer Künstler, auf einer alten Singer für seine Frau genäht hatte. Noch während er daran nähte, wurde seine Frau schwanger und so bekam ich die Hose aus grellgrünem Cord. Sie war leicht schräg und der Reißverschluss war seitlich. Aber auch auf sie war ich stolz.
Danach hatte ich schon eine echte, die jemand jemandem mitgebracht hatte, doch dem war sie dann zu klein. Mir dagegen war sie viel zu groß. Also musste ich die Hosenbeine hochkrempeln. Ich trug sie lange und mit Stolz.
Danach ... ich erinnere mich nicht mehr. Viele. Aber schon gänzlich uninteressant.

MAI
21

1904

GRÜNDUNG DER *FÉDERATION INTERNATIONALE DE FOOTBALL ASSOCIATION*, KURZ *FIFA*, IN PARIS

Als ich neun Jahre alt war, ging ich auf unsere Wiese, um zu schauen, wie die älteren Jungs Fußball spielen. Also stand ich da und guckte zu. Da traf mich auf einmal der schwere Ball mit voller Wucht am Kopf. So stark, dass ich umfiel und für einige Minuten das Bewusstsein verlor. Den ganzen nächsten Tag musste ich spucken. Offensichtlich eine Gehirnerschütterung.
Seitdem mag ich Fußball nicht mehr. Nicht nur zum Spielen, sondern auch zum Schauen ...

MAI
22
1892

DR. WASHINGTON SHEFFIELD ERFINDET DIE ZAHNPASTATUBE

Tuben mit Zahnpasta gab es erst später. Zunächst gab es Zahnpulver, das in der Fabrik *Swoboda* (*Freiheit*) hergestellt wurde. Dort wurden übrigens auch die Seifen *Bannoje* (*Badeseife*) und *Semejnoje* (*Familienseife*) gemacht. *Semejnoje* war für die Hände gedacht und mit *Bannoje* ging man, was kaum verwundern dürfte, in die Banja.

Das Zahnpulver wurde in runden Kistchen aus Karton verkauft. Damit wurden nicht nur die Zähne geputzt, sondern auch die weißen Sommerschuhe aus Segeltuch.

Und wir haben das Pulver auch gern aus dem Fenster heraus auf einsame Passanten gestreut. Das war lustig, wenn auch etwas gefährlich.

MAI
23
1930

**DIE ZEITUNG *KOMSOMOLSKAJA PRAWDA*
WIRD MIT DEM LENINORDEN ERSTER KLASSE
AUSGEZEICHNET**

In meiner Nachkriegskindheit war ich von vielen Männern umgeben, deren Kittel und Jacketts vollgehängt waren mit diversen Orden und Medaillen. Dies wurde damals als unverzichtbarer Bestandteil der Kleidung wahrgenommen.
Wenn ich dann im Radio hörte, dass irgendein Orden an eine Fabrik oder Kolchose oder ein Theater oder eine Zeitung verliehen wurde, versuchte ich zu verstehen, wer genau diesen Orden an seiner Kleidung tragen würde. Oder der Reihe nach alle Fabrikarbeiter, Kolchosarbeiter, Schauspieler, Journalisten?
Und dann begann man, ganze Städte mit Orden auszuzeichnen ...

MAI
24

1900

IN SANKT PETERSBURG WIRD DER PANZERKREUZER *AURORA*, DAS KÜNFTIGE SYMBOL DER OKTOBERREVOLUTION, VOM STAPEL GELASSEN

Zu meinem achten Geburtstag schenkte mir mein Freund Smirnow ein magisches Ding: eine hölzerne *Aurora* mit Masten, Kanonenrohren und Flaggen.
Wir spielten hingebungsvoll den ganzen Abend damit.
Dann kam seine Mutter, um ihn abzuholen.
Und da ging's richtig los!
Offenbar hatte er nicht verstanden, dass ein Geschenk für immer gilt, und nicht nur für einen Abend. Also veranstaltete er einen Riesenskandal und verlangte, dass man ihm den Kreuzer zurückgäbe.
Natürlich brüllte auch ich los.
Unsere Mütter versuchten uns irgendwie zu beruhigen und zur Vernunft zu bringen.
Soweit ich mich erinnere, war sein Gebrüll überzeugender als meines.
Auf alle Fälle habe ich die *Aurora* seitdem nie wiedergesehen.
Was soll's!

MAI

1963

TAG DER BEFREIUNG AFRIKAS

In sowjetischen Karikaturen von damals sahen die »guten« Afrikaner, wie etwa Patrice Lumumba, sehr sympathisch und intelligent aus, so wie wir, nur eben schwarz.
Die bösen aber, solche, wie zum Beispiel Tschombé, wurden aus einer zwar nicht offenen, aber durchaus bemerkbaren rassistischen Perspektive dargestellt. Sie sahen wie missgebildete, wilde Affen aus.

MAI
26

1938

GRÜNDUNG DER ERSTEN *VOLKSWAGEN*-FABRIK

Diese sympathischen und kompakten *Käfer* fuhren manchmal auch durch Moskau.
Mir kam es immer unbegreiflich vor, wie die charmanten und leichten Autos mit dem harten und schweren Stil des Dritten Reiches koexistieren konnten. Auch im allgemeinen Stil des damaligen Moskau wirkten sie übrigens recht provokant. Etwa so, wie die bunten Krawatten und die dicken Gummisohlenschuhe der Moskauer Dandys.

MAI
27
1905

**BEGINN DER SEESCHLACHT BEI TSUSCHIMA,
DER LETZTEN ENTSCHEIDUNGSSCHLACHT
IM RUSSISCH-JAPANISCHEN KRIEG**

Smirnow und ich konnten richtig gut das Lied *Der Wikinger* singen.

Wir sangen es sogar in den Pausen. Einmal hörte uns unsere Gesangslehrerin Natalja Nikolajewna Silajewa, die Mutter eines Mitschülers, Borjka Persijanow, der später auf die Suworow-Schule* ging, worum wir ihn alle schrecklich beneideten. Aber noch davor waren wir schrecklich neidisch, weil er gemeinsam mit seiner Mutter, besagter Natalja Nikolajewna Silajewa, in der Schule wohnte, in einem kleinen Zimmer mit Petroleumofen und alten Tüllgardinen. Wir waren auf ihn neidisch, weil er nach Unterrichtsschluss nach Lust und Laune durch die ganze Schule rennen und sooft er wollte die Ringe in der Sporthalle benutzen konnte. Und auch, weil er nicht jeden Morgen den Mantel anziehen und durch den Frost zur Schule laufen musste.

Also, Natalja Nikolajewna hörte einmal, wie Smirnow und ich *Der Wikinger* sangen, und bestimmte, dass wir dieses Lied zur Morgenfeier von irgendwas aufführen sollten. Wir übten lange mit ihr und sie sang mit ihrem zittrigen Stimmchen schwach mit.

Am Abend vor der Aufführung bekam ich Angina, und Smirnow hatte Angst allein. So entging uns der Triumph.

Das wurmt mich noch heute.

MAI
28
1918

**DAS VOLKSKOMMISSARIAT DER UDSSR
SETZT DAS DEKRET ÜBER DIE EINRICHTUNG
DER GRENZSICHERUNG DER RSFSR IN KRAFT**

Ich erinnere mich, wie mitten in der Küche unserer Kommunalwohnung, auf einem wackeligen Hocker, ein nicht sonderlich nüchterner Onkel Kolja mit seinem Bajan saß. Er spielte und sang »An der Grenze träumt man oft von daheim«.
Und die Frau mit dem seltsamen Namen Ganja trocknete mit der Schürze ihre feuchten Augen. Entweder heulte sie wegen des Lieds oder weil sie gerade für Frikadellen Zwiebeln schnitt.
Ich erinnere mich an die Frauen, die in ihren bunten Kitteln im Frikadellendampf herumwuseln, an den zappeligen Kostja, der unter dem Tisch einen Gummiball hervorzuholen versucht, an den senilen Solomon, der mit verwirrtem Lächeln und einem Schachbrett im Türrahmen steht, ich erinnere mich an alles.

MAI
29
1953

**ERSTBESTEIGUNG DES TSCHOMOLUNGMA,
DES HÖCHSTEN GIPFELS DER WELT, DURCH
SIR EDMUND HILLARY UND TENZING NORGAY**

In der sechsten Klasse war ich der Einzige, der im Geografieunterricht ohne Versprecher das Wort »Tschomolungma« aussprechen konnte.
Dafür bekam ich von Irina Abramowa eine Eins. Aber dafür wurde ich auch von einigen aus der Klasse eine Zeitlang mit dem Spitznamen »Tschoma« gerufen.
Ganz konnten sie dieses schwierige Wort nicht aussprechen, diese Trottel.

MAI
30

1631

IN FRANKREICH ERSCHEINT DIE ERSTE AUSGABE DER *LA GAZETTE*. DANACH FINDET DAS WORT GAZETTE EINGANG IN ALLE EUROPÄISCHEN SPRACHEN

Ich erinnere mich, wie in der Küche unserer Kommunalka Alewtina Andrejewna der Frau mit dem seltsamen Namen Ganja von ihrem verstorbenen Mann erzählte: »Er war so ein guter Mensch, mein Waleri Arkadijewitsch, so fürsorglich. Zum Beispiel: Ich will auf's Klo und er erkundigt sich: ›Du, Aletschka, hast du die Gazette mit? Nimm besser die Gazette. Ich habe für die Sache schon Papier vorbereitet. Liegt auf der Kommode.‹ Oh, wenn ihr wüsstet, wie er mir fehlt!«

MAI
31

1868

IM PARK DES PARISER VORORTES SAINT-CLOUD FINDET DAS ERSTE FAHRRADRENNEN STATT. DIESES EREIGNIS GILT ALS GEBURT DES RADSPORTS

Ich hatte mir immer ein Fahrrad gewünscht. Und einmal kaufte mir Papa dann eins: ein *Orljonok* (*Kleiner Adler*), ein super Ding.
Ich fuhr volle zwei Tage damit.
Und am dritten Tag fuhr ich damit zur Bäckerei. Fuhr hin, stieg vom Rad und sagte einem Jungen, der dort herumlief: »Bin gleich wieder da. Passt du auf?« — »Ich pass auf«, sagt der Junge, »Mach schon, geh. Aber nicht lange.«
Und ich ging. Und war wirklich nicht lang weg. Aber das reichte ihm.

JUNI

JUNI
1

1933

ERÖFFNUNG DER TSCHELJABINSKER TRAKTORENFABRIK

Mein Onkel Wowa, Mamas Bruder, hat während des Kriegs in dieser Fabrik gearbeitet. Er war Offizier und Ingenieur für Panzerbau. Er hat dort sogar irgendetwas Wichtiges erfunden und einen Orden dafür bekommen.
Er war der Einzige in unserer handwerklich unbegabten Familie, der in der Lage war, etwas zu basteln und zu reparieren.
Manchmal kam er uns besuchen. Rechtzeitig vor seinem Eintreffen hatte Mama dann schon für ihn eine »Arbeitsfront« vorbereitet: einen kaputt gegangenen Wecker, eine schlecht schließende Tür, ein undichtes Abflussbecken, einen funkensprühenden Lichtschalter, eine Schranktür, die nur noch in einer Angel hing, das wackelnde Bein eines Schreibtischs.
Er war Diabetiker und gab sich selbst Spritzen in den Arm. Für mich, mit meiner panischen Angst vor Spritzen, war das ein Zeichen höchsten Muts und Heldentums. Und ist es wohl immer noch.

JUNI 2

1897

**EINFÜHRUNG DES GESETZLICHEN VERBOTS
DER SONNTAGSARBEIT FÜR DAS RUSSISCHE REICH**

Ich glaube, ich habe meinen Vater immer nur sonntags gesehen. An Werktagen ging er los, wenn ich noch schlief, und kam zurück, wenn ich schon schlief. Oder am Einschlafen war.
Sonntagmorgens kam er aus dem Schlafzimmer, in einem blau-gestreiften Schlafanzug und mit einem Handtuch um den Hals. Erst einmal wusch er sich lange am Waschbecken in der Küche und prustete dabei. Dann setzten wir uns alle zum Frühstück. Es gab Hering und Kartoffeln vom Vortag, die von beiden Seiten angebraten waren. Aus dem Lautsprecher tönten »Lieder sowjetischer Komponisten«.
Wir frühstücken jetzt und dann gehen wir Schlittenfahren.

JUNI
3

1785

**JEAN-PIERRE FRANÇOIS BLANCHARD FÜHRT
DEN VON IHM KONSTRUIERTEN FALLSCHIRM VOR**

Smirnow versuchte mich dazu anzustacheln, mit Mamas Schirm vom Dach des Schuppens zu springen. Er sagte: »Ich würde ja selbst springen, aber du bist leichter.« Ich habe mich geweigert. Er hat mich noch lange danach einen Feigling genannt. Ich war beleidigt.

JUNI
4
1922

DIE ERSTE NUMMER
DER ZEITSCHRIFT *KROKODIL**
ERSCHEINT

Ich schwärmte für diese Zeitschrift. Im Unterschied zu dem langweiligen und unverständlichen, wenn auch bunten *Ogonjok** und erst recht zu dem grau-blauen und völlig bilderlosen *Das Leben der Partei** war *Krokodil* wenigstens lustig. Obwohl ich längst nicht alles verstand. Aber das machte nichts.

Da gab es Bilder von Uncle Sam mit Ziegenbärtchen, von korrupten Typen und Raffzähnen mit zerknitterten Gesichtern, von Ärzteverschwörern mit Hakennasen, aber auch von sympathischen Jungen verschiedenster Hautfarbe. Die Jungen standen für die Völker, die für ihre Unabhängigkeit kämpften.

Das alles anzuschauen war schrecklich interessant.

JUNI
5
1851

DER WASHINGTONER WOCHENZEITUNG *NATIONAL ERA* BEGINNT MIT DER VERÖFFENTLICHUNG DES ROMANS *ONKEL TOMS HÜTTE* VON HARRIET BEECHER STOWE

Auf dem Moskauer Jugendfestival von 1957 habe ich zum ersten Mal Schwarze gesehen. Das war ein unvergessliches Gefühl. Zuvor gab es sie nur als literarische Helden oder im Film *Ein Kapitän von 15 Jahren*.

JUNI
6
1957

ERÖFFNUNG DES MOSKAUER KINDERKAUFHAUSES
DETSKI MIR (KINDERWELT)

Wir fuhren in den Winterferien mit Smirnow dorthin, um Straßenhändlern Briefmarken abzukaufen. Ich habe da zum Beispiel für 30 Kopeken eine Dreierserie aus Laos gekauft, mit Elefanten. Für 30 Kopeken nach »neuem« Geld, aber nach damaliger Rechnung für drei Rubel.
Früher war das *Detski Mir* nicht da, wo es heute ist, wenn auch ganz in der Nähe. Es stand genau am Anfang der Kirow-Straße, da, wo heute der Buchladen *Biblio-Globus* ist.
Dorthin bin ich auch einmal mit Mama gefahren, um einen Matrosenanzug zu kaufen, den sie mir schon lange versprochen hatte. Aber statt des Anzugs kaufte Mama, wer weiß, warum, einen grellen und fürchterlich kratzigen Pullover. Ich habe während des ganzen Heimwegs geheult. Warum hat sie das getan?

JUNI 7

1872

IN MOSKAU BEGINNT DER BAU
DER ERSTEN PFERDESTRASSENBAHN

Ich kenne eine ältere Dame, die sich noch an die Pferdebahn in Baku erinnert. Sie kommt von dort.
Und ich selbst kann mich auch an so einiges erinnern. An das Grammophon, zum Beispiel. An die Kerosinlampe. An den Fotoapparat mit Holzgehäuse und Glasplatten, der im Foto-Atelier am Perlowka-Markt stand.

JUNI

8

1869

DER AMERIKANER IVES MCGAFFEY LÄSST DEN STAUBSAUGER *WHIRLWIND* PATENTIEREN

Der erste Staubsauger bei uns zu Hause hieß *Buran* (*Schneegestöber*). Er war groß und schwerfällig. Er machte ein herzzerreißendes, alarmierendes Heulgeräusch. Sein Gehäuse hatte eine graugrüne Farbe, es sah fast so aus, als ob es aus Perlmutt wäre.

Mama konnte sich partout seinen Namen nicht merken, und wenn Bekannte sie fragten, welchen Staubsauger sie habe, sagte sie »Uragan« (»Orkan«). Vater konnte sich fürchterlich darüber aufregen. Ich fand es lustig.

Und es ist immer noch lustig.

JUNI 9

1737

EINER DER GRÖSSTEN BRÄNDE IN DER GESCHICHTE MOSKAUS BRICHT AUS

Smirnow erzählte, dass es bei ihnen zu Hause, als er noch klein war und sie in einer anderen Stadt wohnten, einen großen Brand gab und dass fast alles verbrannt sei. Weil er immer nur log, habe ich ihm das nicht so recht geglaubt.
Es stellte sich aber heraus, dass es wirklich so war.
Ein bisschen habe ich ihn beneidet. Ein Brand immerhin!

JUNI 10

1921

GRÜNDUNG DES STAATLICHEN LEW TOLSTOI-MUSEUMSLANDGUTS *JASNAJA POLJANA*

Am Ende des neunten Schuljahrs machten wir eine Klassenfahrt dorthin. Smirnow, Schuchow und ich hatten den Zitronenfusel *Limonnaja Gorkaja* mitgebracht, den wir heimlich hinter einem Busch austranken.
Von der Besichtigung selbst habe ich nichts behalten.

JUNI
11
1970

**TOD DES RUSSISCHEN STAATSMANNS
UND POLITIKERS ALEXANDER KERENSKI***

Ein Junge aus meiner Klasse hatte den Spitznamen Kerenski. Die Betonung lag auf der zweiten Silbe. Er wurde deshalb so genannt, weil er einmal eine Igelfrisur hatte — genau so eine, wie sie der echte Kerenski in sowjetischen Spielfilmen trug. In Filmen wurde der immer als ein zappeliger, kreischender, hysterischer und überhaupt irgendwie unseriöser Mensch dargestellt.

JUNI 12

1849

DER AMERIKANISCHE ERFINDER LEWIS HASLETT LÄSST DIE GASMASKE PATENTIEREN

Wir kannten schon als Kinder die Bezeichnung für Präservative: »Gummierzeugnis Nummer 2«. Aber alle rätselten, was Nummer 1 sei. Galoschen vielleicht?
Später stellte sich heraus, dass es die Gasmaske war.
Gasmasken lagen in den Nachkriegsjahren in großen Mengen in Abstellräumen und auf Dachböden herum. Wir stülpten sie uns über und spielten Taucher.
Und die Erzeugnisse Nummer 2 bliesen wir gern auf, wie Luftballons, schrieben unanständiges Zeug darauf und steckten sie der kurzsichtigen Englischlehrerin Anna Pawlowna, Spitzname Suppenkelle, in die Aktentasche.

JUNI
13
1912

ERÖFFNUNG DES *MUSEUMS DER SCHÖNEN KÜNSTE* IN MOSKAU, SPÄTER UMBENANNT IN *STAATLICHES PUSCHKIN-MUSEUM DER BILDENDEN KÜNSTE*

1954 fuhren Mama und ich zu diesem Museum, um uns ein anderes Museum anzuschauen, das darin eingerichtet worden war — das Museum der Geschenke für Stalin.
Ich erinnere mich an einen ziemlich knotigen Teppich, den ein armloses Kolchosenmitglied aus Tadschikistan mit den Füßen geknüpft hatte, an ein Modell des Moskauer Kreml aus Schokolade und an ein Reiskorn, das aus China geschickt worden war und auf dem in mikroskopisch winzigen Hieroglyphen ein chinesischer Glückwunsch geschrieben stand. Die Hieroglyphen musste man durch eine starke Linse betrachten.
Bald danach hat man dieses Museum in das Revolutionsmuseum auf der Gorki-Straße verlegt. Und später hat man es ganz geschlossen. Wo jetzt wohl diese Exponate sind?

JUNI
14

1905

AUF DEM PANZERKREUZER *POTJOMKIN* BRICHT DER ERSTE REVOLUTIONÄRE MASSENAUFSTAND UNTER DEN STREITKRÄFTEN RUSSLANDS AUS

Im Nachbarhaus wohnte ein Milizionär. Er war bei der Verkehrspolizei. Ein stattlicher Mann mit roten Backen. Er wohnte im Erdgeschoss. Er sang gern und hatte, wie mir damals schien, keine schlechte Stimme. Wenn im Sommer die Fenster offen standen, hörte man seinen Gesang über den ganzen Hof.
Manchmal sang er auch, wenn er in seinem Polizeiwagen saß. Und wenn er vergessen hatte, das Mikrofon abzustellen, ertönte sein Gesang in der ganzen Straße.
Er hieß Potjomkin. Mit Vornamen Nikolai, glaube ich. Vielleicht auch nicht Nikolai. Aber was macht das heute schon für einen Unterschied?

JUNI
15

1885

VERABSCHIEDUNG DES GESETZES ÜBER DAS VERBOT VON NACHTARBEIT FÜR JUGENDLICHE UND FRAUEN IN RUSSLAND

Die Eltern meiner Klassenkameradin Rosa waren taubstumm. Deshalb redete Rosa immer ziemlich laut und deutlich, und beim Reden gestikulierte sie stark.
Sie wohnten in einer Kommunalwohnung in der Malaja Bronnaja.
Wenn Rosas Mutter laut Plan mit dem Bodenwischen im Flur dran war, machte sie das immer nachts. So fiel es ihr leichter: Es war leer und ruhig, keiner lief herum.
Die Nachbarn beklagten sich aber, dass sie den Boden nachts wischte, denn weil sie taub war, machte sie das immer schrecklich laut und lärmte mit den Eimern und Schüsseln.
Sie hingegen beklagte sich über die Nachbarn, weil sie dachte, dass die einfach nur stänkern wollen. Was »laut« war, das wusste sie nicht und verstand es nicht.

JUNI

16

1903

PEPSI COLA WIRD ALS MARKE REGISTRIERT

Auf der Moskauer Amerika-Ausstellung, die 1959 in Sokolniki eröffnet wurde und die ich mit meinen Eltern besuchte, wurden Gläser mit *Pepsi Cola* gratis verteilt. Damals probierten die Moskauer das zum ersten Mal.
Man stand dafür in Schlangen an.
Ich erinnere mich daran, dass so ein patriotisch gesinnter Heini sein Glas austrank, demonstrativ das Gesicht verzog und sagte: »So was! Schmeckt nach Schuhwichse. Unser Kwas dagegen!« Und unverzüglich stellte er sich in der Schlange für ein neues Glas an, weil zwei auf einmal nicht ausgegeben wurden.

JUNI
17
2005

TOD DER SOWJETISCHEN UND UKRAINISCHEN MALERIN UND VOLKSKÜNSTLERIN DER UDSSR TATJANA JABLONSKAJA

Der Name Jablonskaja* — das ist ja noch nichts Besonderes. Aber ich kannte eine Dame, die in einem Institut für Kunstunterricht Lehrerin war und die den wirklich heimtückischen Namen Podjablonskaja* hatte.

Sie bestand darauf, dass man ihren Namen mit Betonung auf der zweiten Silbe »-ja« aussprach. Aber dieser Forderung kamen bei Weitem nicht alle nach.

JUNI
18
1936

TOD DES RUSSISCHEN UND SOWJETISCHEN SCHRIFTSTELLERS, DRAMATIKERS UND DER PERSON DES ÖFFENTLICHEN LEBENS MAXIM GORKI

Im Schulflur hingen Klassikerportraits. Darunter auch Gorki. Gorki hatte so einen erstaunlich traurigen und weinerlichen Gesichtsausdruck.
Immer wenn Smirnow daran vorbeiging und das Portrait anschaute, sagte er: »Nicht weinen, Gorki, nicht weinen. Willst du ein Bonbon?«
Alle lachten bereitwillig los. Ich auch.

JUNI
19

1862

**PRÄSIDENT LINCOLN VERABSCHIEDET DAS GESETZ
ÜBER DIE AUFHEBUNG DER SKLAVEREI
AUF DEM GESAMTEN TERRITORIUM DER USA**

Unsere Nachbarin Raissa Saweljewna suchte überall nach Juden — im Abspann von Filmen, in Theaterprogrammheften, in Zeitungsartikeln.
Als im Radio einmal ein Sprecher, ich weiß nicht mehr in welchem Zusammenhang, vom »amerikanischen Präsidenten Abraham Lincoln« sprach, hob sie bedeutungsvoll ihren Zeigefinger und sagte: »Abraham! Oh!«

JUNI 20
1881

INBETRIEBNAHME DER ERSTEN RUSSISCHEN TELEFONLEITUNG IN NISHNI NOWGOROD

Ein Telefon hatten weder die Smirnows noch wir. Deshalb war ein Telefon für uns, wenn nicht ein Wunder, so doch der Inbegriff des Luxus.
Manchmal saßen wir uns am Tisch gegenüber, hielten uns beide einen Suppenlöffel an das Ohr und quasselten über alle möglichen abstrakten Themen.

JUNI
21
1948

VORFÜHRUNG EINER LANGSPIELPLATTE IM NEW YORKER HOTEL *WALDORF ASTORIA*

Am Silvesterabend 1959 brachte mein großer Bruder eine Langspielplatte mit nach Hause. Mit 33 Umdrehungen. Das war die erste Langspielplatte meines Lebens. Es passten gleich mehrere Lieder drauf. Sie hieß *Rund um die Welt*.
Ich ließ sie tagelang auf dem *Jubiläum*-Plattenspieler laufen. Und sang natürlich mit.
Den Erwachsenen dürfte das wohl weniger gefallen haben.
Der *Jubiläum*-Plattenspieler sah aus wie ein kleiner brauner Koffer.

JUNI
22

1903

**GEBURT DES AMERIKANISCHEN GANGSTERS
UND BERÜHMTEN BANKRÄUBERS JOHN DILLINGER**

Smirnow und ich spielten gern zwei ausländische Banditen, die nicht zu fassen waren und denen es immer wieder gelang, der Polizei zu entkommen. Wir fantasierten, dass wir in verschiedenen Städten und Ländern unterirdische Gänge und unterirdische Schlösser besaßen, wo wir uns in den Pausen zwischen den tollkühnen Raubüberfällen ausruhen konnten. In diesen Spielen hieß er Sam, weil er ja Sascha war. Und ich war Leo.

Das spielten wir über einige Jahre.

JUNI
23
1868

PATENTIERUNG DER SCHREIBMASCHINE

In meiner frühen Kindheit hatte das Wort »maschinka« — »maschinka«, und nicht »maschina« — drei Bedeutungen. Die erste gefiel mir. Denn das war das Kindermaschinchen, das heißt ein Spielzeuglastwagen oder Spielzeugauto, Sachen, die man manchmal zum Geburtstag geschenkt bekam. Wir rollten sie mit schrecklichem Geratter kreuz und quer durch die Wohnung, zum ersichtlichen Ärger der Erwachsenen.
Die zweite Bedeutung war auch in Ordnung. Denn Mama ließ mich manchmal die Handkurbel ihrer Nähmaschine drehen. Mit dieser Nähmaschine wurden schwarze Pluderhosen aus Satin mit einer Gesäßtasche für Taschentücher genäht, außerdem ein Wolfskostüm für das Stück *Teremok*, das im Schultheater aufgeführt wurde.
Die dritte Bedeutung des Worts war ganz und gar nicht angenehm, ja sogar angsteinflößend. Das war die »maschinka«, mit der einem beim Friseur die Haare geschnitten wurden. Die wurden »maschinengeschnitten«. Damals waren das noch keine elektrischen Haarschneider, sondern mechanische. Sie zwickten schmerzhaft, und nach ihrem gnadenlosen Gezirpe verließen wir das Friseurgeschäft immer ganz jämmerlich und wie gerupft. Beim Friseur roch es nach Eau de Cologne, und immer gerieten einem Haare in die Nasenlöcher.

JUNI 24

1912

**GEBURT DES SOWJETISCHEN THEATER-
UND FILMSCHAUSPIELERS UND VOLKSKÜNSTLERS
DER RUSSISCHEN SOWJETREPUBLIK SERGEI FILIPPOW**

Früher einmal befand sich am Anfang der Gorki-Straße ein Friseurgeschäft. Mit einem riesigen Fenster.
Als ich einmal dort vorbei kam, fiel mir eine Menschenmenge auf, die vor dem Fenster stand. Alle glotzten durch das Fenster und lachten wie verrückt. Ich wollte wissen, was da Komisches los war in dem Friseurgeschäft. Und ich ging hin. Da sah ich, dass in dem Sessel direkt hinter dem Fenster der Schauspieler Filippow saß und frisiert wurde. Das war alles. Der bloße Anblick des berühmten Komikers konnte in mir aber keinen besonderen Enthusiasmus hervorrufen.

JUNI
25
1950

BEGINN DES KOREAKRIEGS, IN DESSEN FOLGE EINE DEMILITARISIERTE ZONE ZWISCHEN NORD- UND SÜDKOREA EINGERICHTET WURDE

Es gab viele Karikaturen mit Abbildungen des südkoreanischen Diktators Rhee Syng-Man. Er knechtete dort auf entsetzliche Weise sein koreanisches Volk und wurde als »amerikanische Marionette« bezeichnet.
Und in der *Ausländischen Kinochronik*, die in Filmtheatern vor Beginn des Hauptfilms gezeigt wurde, droschen wütende Polizisten auf protestierende koreanische Studenten ein.
Doch solche Wörter wie zum Beispiel »Samsung« lernten wir erst viel später kennen. Ungefähr zu der Zeit, als in Moskau Glückspilze mit südkoreanischen Nylonjacken auftauchten.

JUNI
26

1945

**IN DER UDSSR WIRD DER RANG
EINES GENERALISSIMUS
DER SOWJETUNION
EINGEFÜHRT**

Als ich das einzige Mal in meinem Leben im Mausoleum war, habe ich dort beide sehen können. Lenin kam mir komplett wie eine Puppe vor, aber Stalin war ganz frisch, in seiner militärischen Paradeuniform und mit den Generalissimus-Sternen auf den Schulterklappen. Einige Jahre später hat man ihn dort herausgeholt.

JUNI
27

1995

VERÖFFENTLICHUNG DES ERLASSES DER MOSKAUER STADTVERWALTUNG ÜBER DIE ERRICHTUNG EINES DENKMALS ZUM DREIHUNDERTJÄHRIGEN BESTEHEN DER RUSSISCHEN FLOTTE

Onkel Motja, Mamas Bruder, war Marineoffizier. Er lebte in Sewastopol, kam aber oft nach Moskau und wohnte bei uns. Einmal hat er meinem großen Bruder erlaubt, seine Uniform für den Maskenball der Schule anzuziehen. Mein Bruder hatte damit einen Riesenerfolg, obwohl die Uniform wie ein Sack an ihm hing und die Kappe ihm andauernd vom Kopf fiel.

JUNI
28

1946

**IN DER AUTOMOBILFABRIK GORKI
WIRD DIE ERSTE LIEFERUNG DER MARKE
POBEDA (*SIEG*) FERTIGGESTELLT**

Einmal, als wir gerade Schlagball im Kreis spielten, kam ein *Pobeda* in den Hof gefahren, er hatte die damals modische Farbe »Milchkaffee«. Ein dicker General mit Blumenstrauß in der Hand stieg aus und verschwand im Hauseingang. Und der *Pobeda* fuhr weg.
Das war alles.

JUNI

1916

ERSTER FLUG EINER *BOEING*

Mein Klassenkamerad Schuchow, dessen Vater in einem Konstruktionsbüro für Luftfahrt arbeitete, sagte einmal vor versammelter Mannschaft, das beste Flugzeug der Welt sei die *Boeing*. Damals habe ich das Wort zum ersten Mal gehört. Irgendwie kam das der Vizerektorin Julia Michailowna zu Ohren. Sie ließ Schuchow aufstehen und fragte ihn streng, wer ihm einen solchen Unsinn erzählt habe, denn es sei doch wohl klar, dass die besten Flugzeuge die sowjetischen seien. Schuchow sagte ehrlich, dass es sein Vater gewesen war.
Dann hat man den Vater herbestellt und Gespräche mit ihm geführt. Gott sei dank ist das glimpflich ausgegangen.

JUNI

1908

EINSCHLAG DES TUNGUSKA-METEORITEN

In der Zeitschrift *Wokrug sweta* (*Rund um die Welt*) habe ich einmal eine Erzählung gelesen, in der die Hypothese aufgestellt wurde, dass der Tunguska-Meteorit gar kein Meteorit gewesen sei, sondern ein verunglücktes interplanetarisches Raumschiff. Damals gab es überhaupt viele Erzählungen über Besucher von anderen Planeten.
Ich weiß nicht warum, aber ich habe solchen Hypothesen mit größter Bereitwilligkeit Glauben geschenkt.

J U L I

JULI
1
1979

TOD DES SOWJETISCHEN FUSSBALLERS UND EISHOCKEYSPIELERS, TRAINERS UND OLYMPIASIEGERS WSEWOLOD BOBROW

Meine großen Brüder sagten bei jeder Gelegenheit das Wort »Bobjor« (»Bieber«) in immer neuen Varianten. Vor allem, wenn sie im Hof bolzten.
Irgendwann begann mir aus dem Kontext ihrer Unterhaltungen zu dämmern, dass es nicht um das Kinderbuchtier ging, das Staudämme baut, sondern um ein menschliches Wesen.
»Bobjor« — so nannten ihn Fans jeden Alters — war das unangefochtene Idol aller Jungs ihrer Generation.

JULI
2

1698

**THOMAS SAVERY ERHÄLT DAS PATENT
AUF DIE ERSTE DAMPFMASCHINE
DER WELT**

Mitte der 1950er-Jahre fuhr ich mit Mama auf die Krim nach Sewastopol. An der Spitze unseres Zugs fuhr eine echte Dampflok, obwohl Dampfloks in diesen Jahren schon von Elektroloks abgelöst wurden.
Wir reisten im zweiten Wagen.
Einmal öffnete ich das Fenster sehr weit und streckte den Kopf heraus. Mama schrie, ich solle sofort das Fenster zumachen. Ich machte es zu — und war sehr überrascht und beleidigt, als Mama und alle Mitreisenden anfingen zu lachen und mit dem Finger auf mich zeigten. Mama schloss die Abteiltür und stellte mich vor den Spiegel. Mein ganzes Gesicht war schwarz.
Danach gingen wir zur Toilette, wo mir Mama lange das Gesicht wusch.

JULI

3

1864

**GEBURT DES RUSSISCHEN UND SOWJETISCHEN
MUSIKERS, SÄNGERS, FOLKLOREKÜNSTLERS
UND »SAMMLERS« RUSSISCHER LIEDER
MITROFAN PJATNITZKI**

Als Anfang der 1970er Präsident Nixon nach Moskau kam, wurde ihm zu Ehren ein Festkonzert gegeben. Wie bei allen anderen Festkonzerten auch, trat dort der Pjatnitzki-Chor auf. Dieses Mal sang der Chor in seiner üblichen Kolchos-Manier das Lied *Let my people go*. Das war urkomisch.

JULI
4

1848

ERSTVERÖFFENTLICHUNG
DES *MANIFESTS DER KOMMUNISTISCHEN*
PARTEI

Dies ist eines der Bücher, deren Anfang und Ende alle kennen, auch diejenigen, die es nie mit eigenen Augen gesehen haben.
Es beginnt mit der Warnung vor einem Gespenst, das in Europa umgeht, und endet mit einem nachdrücklichen Aufruf an die Proletarier aller Länder.

JULI 5

1795

GEBURT DES RUSSISCHEN HISTORIKERS, HOCHSCHULLEHRERS, DICHTERS UND DRAMATURGEN PAWEL KUKOLNIK

Smirnow und ich alberten mal wieder herum und sangen das Lied *Es taumelt, es jubelt das ganze Volk* zur Melodie von Chopins Trauermarsch. Dabei kam heraus: »Er baumelt. Es jubelt das ganze Volk.« Wir lachten uns halb tot über unseren eigenen Scharfsinn.

Hätten wir aber damals gewusst, dass dieses Lied von einem Menschen mit dem witzigen Namen Kukolnik* stammt, dann hätten wir noch mehr gelacht. Wir wussten es damals aber nicht.

Übrigens ist auch der Name Glinka* ziemlich witzig, wenn man es genau bedenkt.

JULI 6

1885

ERSTE TOLLWUTIMPFUNG AM MENSCHEN

In meiner Kindheit jagten alle einander damit Angst ein, dass man vierzig Spritzen in den Bauch bekommt, wenn einen ein Hund beißt. Genau vierzig und genau in den Bauch. Einmal biss mich der Nachbarshund. Ziemlich tief, bis aufs Blut. Natürlich hatte ich mehr Angst vor den vierzig Spritzen in den Bauch als vor Tollwut. Deshalb sagte ich meinen Eltern nichts. Und von der Hand sagte ich, dass ich mich an einem Glassplitter geschnitten hätte.
Gott sei Dank bekam ich keine Tollwut. Jedenfalls habe ich nichts gemerkt. Und die anderen — keine Ahnung.

JULI
7

1718

**TOD DES ZAREWITSCH ALEXEI PETROWITSCH,
DES RUSSISCHEN THRONFOLGERS UND ÄLTESTEN
SOHNS DES ZAREN PETER I**

Als ich zum ersten Mal das Gemälde des Künstlers Nikolai Ge von Peter und seinem Sohn Alexei sah, fiel mir am meisten der Fußboden im Schachbrettmuster auf. Eine Zeit lang träumte ich davon, dass auch wir einen solchen Fußboden hätten. Aber unserer war anders. Unserer war aus Dielen, mit brauner Ölfarbe gestrichen. Sehr langweilig. Denselben hatten wir auch in der Schule.

JULI

1709

**SIEG DER RUSSISCHEN TRUPPEN UNTER PETER I.
ÜBER DAS SCHWEDISCHE HEER UNTER KÖNIG KARL XII.
IN DER SCHLACHT BEI POLTAWA**

Bei einem Spaziergang durch Stockholm fragte ich (ich weiß nicht mehr, warum) meinen schwedischen Bekannten, ob es in Schweden irgendetwas in der Art von unseren Skinheads gebe. Er sagte, wenige, aber es gebe sie.
»Und was machen sie?«, fragte ich.
»Nichts Besonderes. Manchmal versammeln sie sich am Denkmal Karls XII. und skandieren irgendwas. Dann gehen sie nach Haus oder Bier trinken.«
»Und warum ausgerechnet an diesem Denkmal?«, fragte ich.
»Naja, er gilt ihnen als Inbegriff der Männlichkeit. Er ist ja der letzte König, der Krieg geführt hat.«

JULI

1877

ERSTES TENNISTURNIER IN WIMBLEDON

Als ich das erste Mal in der Datschensiedlung einen Tennisball im Gras herumliegen sah, dachte ich, es sei eine rohe Kartoffel. Als ich ihn in die Hand nahm, merkte ich, dass es keine Kartoffel war.
Und das Wort »Tennis« kannte ich nur als Wortstamm von »Tenniska«. Das war so ein sommerliches seidiges Hemd mit Reißverschluss. In Rosa, Himmelblau und Grasgrün.

JULI

1878

IN ENGLAND VERWENDET
EIN FUSSBALLSCHIEDSRICHTER ZUM ERSTEN MAL
EINE TRILLERPFEIFE

Früher konnte ich auf einem abgerissenen Spitzwegerichblatt pfeifen. Das klang grässlich, war aber schön laut. Dann verlernte ich diese Kunst. Es wäre natürlich schön, könnte ich sagen: An ihre Stelle traten andere, nützlichere Künste. Aber das ist wohl kaum so.

JULI

1974

**ENTDECKUNG
DER BERÜHMTEN CHINESISCHEN
TERRAKOTTA-ARMEE**

Smirnow hatte unzählige Eau de Cologne-Fläschchen. In unterschiedlichen Farben — hellblau, rot, grün. Aus ihnen setzte er Regimenter und Divisionen zusammen und wir spielten stundenlang Krieg.
Merkwürdig, aber ich habe nie darüber nachgedacht, wo er all diese Fläschchen her hatte.
Später stellte sich heraus, dass ihre Haushälterin Tante Lida jeden Tag in der Apotheke ein Fläschchen Eau de Cologne kaufte, es austrank und das Fläschchen dann Smirnow gab.

JULI
12

1917

**WÄHREND DES ERSTEN WELTKRIEGS WIRD
ZUM ERSTEN MAL EINE CHEMISCHE WAFFE EINGESETZT:
DAS GIFTGAS YPERIT (SENFGAS)**

Einmal stopfte ich aus irgendwelchen Gründen einen Haufen Zeitungen in den Ofen und steckte sie an. Die Abzugsklappe war aber geschlossen. Wahrscheinlich wäre ich an Rauchvergiftung gestorben, wäre Mama nicht rechtzeitig gekommen. Seither weiß ich, dass man das nicht darf.

JULI
13

1930

ERÖFFNUNG DER ERSTEN FUSSBALLWELTMEISTERSCHAFT IN URUGUAY

Unsere alte Erdkundelehrerin Nina Wikentjewna wurde im Unterricht verrückt, direkt vor meinen Augen.
Das war so. Sie hängte die Karte an die Wand und fing an: »Das hier, Kinder, ist der Staat Uruguay.« Und dann schnitt sie eben jenes Uruguay sorgfältig mit der Schere aus der Karte aus. »Und das hier ist Paraguay.« Und sie begann Paraguay auszuschneiden. Alle erstarrten und in der Klasse herrschte eine solche Stille, wie ich es weder zuvor noch nachher jemals erlebt habe.
Irgendwo bei Brasilien lächelte sie sonderbar und verließ die Klasse. Dann kam der Direktor und sagte, dass die Stunde ausfiele. Wir haben uns natürlich gefreut.
Und haben sie nie wiedergesehen.

JULI
14

1909

**OFFIZIELLE ERÖFFNUNG
DER *KAUKASUS-RIVIERA****

Unseren Nachbarn Sergei Alexandrowitsch, einen Kampfpiloten im Ruhestand, besuchte manchmal seine Mutter. Sie lebte in Sotschi. Von ihr wusste man, dass sie früher dort als Köchin im Sanatorium gearbeitet hatte. »Sie hat einmal für Stalin gekocht«, sagten die anderen Nachbarn ehrfürchtig. Mich mochte sie und einmal sagte sie, dass sie mir beim nächsten Besuch Rosenblütenmarmelade mitbringen würde. Sehnsüchtig erwartete ich dieses überirdische Glück. Und dann brachte sie diese Marmelade einmal mit. Wahrscheinlich war das eine der größten Enttäuschungen meines Lebens — obwohl es davon, wie wohl bei jedem Menschen, nicht wenige gab.

JULI
15

1783

**ERSTE DAMPFERFAHRT DER GESCHICHTE
AUF DER SAÔNE BEI LYON**

Auf dem Dampfer *Stanjukowitsch** fuhren Mama und ich die Wolga hinunter nach Gorki. Meinen Onkel besuchen. Auf der Reise ließ ich mein Lieblingsspielzeug, den Lumpenclown Petja, über Bord fallen. Ich war untröstlich. Aber meine Liebe zu Dampfern blieb mir erhalten. Noch heute versetzt mich der Teergeruch von Anlegestellen in eine ganz besondere Stimmung.

JULI

1945

**ERSTER ATOMBOMBENTEST
AUF DER FORSCHUNGSSTATION
LOS ALAMOS**

Meine ganze Kindheit war geprägt von der allgemeinen neurotischen Angst vor dem Riesenpilz. Er, dieser Atompilz, war auf vielen Antikriegsplakaten zu sehen und auch auf den Informationstafeln für Katastrophenschutz.
Außerdem redeten alle von irgendwelchen Geheimbunkern, wo Nahrungsmittel und Trinkwasser für mehrere Jahre lagern sollten.
Überhaupt meinte man, dass der Krieg unausweichlich sei. Man müsse ihn nur so lang wie möglich hinauszögern.

JULI 17

1846

GEBURT DES RUSSISCHEN ETHNOGRAFEN, ANTHROPOLOGEN, BIOLOGEN UND FORSCHUNGSREISENDEN NIKOLAI MIKLUCHO-MAKLAI

Nachdem wir das Buch *Der Mann vom Mond* über Miklucho-Maklai gelesen hatten, begannen wir Papua zu spielen. Wir rannten mit selbstgemachten Speeren herum, schmückten uns mit Ketten aus Vogelbeeren und Holunder, bauten Hütten und schrien wild herum. Die Papua im Buch waren sehr lieb.

JULI 18

1870

VERKÜNDUNG DES UNFEHLBARKEITSDOGMAS (INFALLIBILITÄT) DES PAPSTES

Unser Nachbar, Onkel Aschot, las ständig Zeitung und erzählte manchmal in der Küche, was er dort erfahren hatte. Er hatte einen lustigen armenischen Akzent.
Einmal, als er wieder einen Zeitungsartikel wiedergab, sagte er: »Und der römische Popo hat verkündet ...«
Ich konnte mich kaum halten vor Lachen und rannte in unser Zimmer, wo ich noch zehn Minuten weiterlachte.

JULI

1900

ERÖFFNUNG DER PARISER METRO

Wie Antonina Alexejewnas Mann hieß, weiß ich nicht mehr. Und das ist auch kein Wunder — ich sah ihn fast nie. Er arbeitete beim Metrobau. Er arbeitete nachts. Morgens kam er nach Hause, müde und wortkarg, und ging ohne abzulegen in die Küche, wo er schweigend eine ganze Bratpfanne Frikadellen mit Buchweizengrütze vertilgte. Dann ging er ebenso stumm in sein Zimmer und schlief bis zum Abend. Spät am Abend stieg er hinab in die Unterwelt. Er wirkte sehr rätselhaft.

JULI

1969

DIE AMERIKANISCHE *APOLLO 11* LANDET ALS ERSTES RAUMSCHIFF DER GESCHICHTE AUF DEM MOND

Weder im Radio noch im Fernsehen wurde davon berichtet. Nur eine winzige Notiz in der *Iswestija* berichtete davon, irgendwo rechts in der Ecke, neben der Wettervorhersage und dem Valutawechselkurs.
Genaueres erfuhren wir über den Sender *Voice of America*.

JULI
21

1899

**GEBURT DES AMERIKANISCHEN SCHRIFTSTELLERS
ERNEST HEMINGWAY**

Zu Beginn der 1960er hing sein Portrait in vielen Wohnungen. Darauf war er mit einem weißen Rauschebart und im Pullover zu sehen. In den »einfacheren« Wohnungen hing ein Portrait von Jessenin neben einer Birke. Und in den »ganz einfachen« Wohnungen hing eine Reproduktion des Gemäldes *Das Schokoladenmädchen*.

JULI
22

1795

ERÖFFNUNG DES PALASTTHEATERS *OSTANKINO* AUF DEM MOSKAUER GUT DES GRAFEN NIKOLAI SCHEREMETEW

Erst heute assoziiert man das Wort »Ostankino« vor allem mit dem Fernsehturm. Früher aber war das eine ziemlich abgelegene Gegend. Man sagte: »Er wohnt weit weg, irgendwo in Ostankino.«

»Irgendwo in Ostankino« lebten auch irgendwelche Verwandten von uns. Und einmal war ich mit meinen Eltern dort.

Zweistöckige, blassrosa Baracken. Windschiefe Häuschen mit löchrigen Zäunen. Kläffende Köter an der Kette. Frauen in Wattejacken und grauen Wollstricktüchern, die Kerosinkanister trugen.

JULI
23

1952

MILITÄRPUTSCH IN ÄGYPTEN

»Heute haben wir ein neues Thema«, sagte gemächlich und mit didaktischen Wiederholungen unser neuer Geschichtslehrer (und zugleich Vizerektor) Iwan Tichonowitsch Dronow. »Ein neues Thema. Das Alte. Ägypten. Das Alte. Ägypten. Die alten Ägypter (Betonung auf der ersten Silbe). Die alten Ägypter. Lebten in einer Havensklaltergesellschaft. In einer Skalterhavengesellschaft. Verstanden?«
Äh, verstanden.

JULI 24

1774

IN DER SCHLACHT GEGEN DIE TÜRKEN AUF DER KRIM WIRD DER ZUKÜNFTIGE ERLAUCHTE FÜRST UND GENERALFELDMARSCHALL MICHAIL KUTUSOW SCHWER VERLETZT UND VERLIERT EIN AUGE

Einmal kam mein Bekannter aus Wologda nach Moskau und ging ins Restaurant. Er trank gerne und viel und randalierte dann auch ziemlich herum.

Kurz gesagt, in diesem Restaurant legte er sich ohne lang zu fackeln mit einem anderen Gast an und sie gingen auf die Toilette, um die Sache zu klären.

Zuerst schlug der andere zu. Dann er. Nachdem er seinem Gegner einen Schlag ins Gesicht verpasst hatte, sah er mit Entsetzen, wie dem Geschlagenen eine kleine Kugel aus dem Kopf fiel, auf die Fliesen klackerte und unters Waschbecken rollte.

Es war ein künstliches Auge.

Mein Bekannter erschrak so sehr, dass er sofort nüchtern wurde und sich mit seinem Gegner versöhnte.

JULI
25

1991

**TOD
DES SOWJETISCHEN POLITIKERS
UND STAATSMANNS
LASAR KAGANOWITSCH**

Ein befreundeter Künstler erzählte mir, wie er als kleines Kind mit seinem Kindermädchen in einer der Moskauer Gassen, in der sie damals lebten, spazieren ging.
Mein Freund und das Kindermädchen machten eine Schneeballschlacht. Da traf er aus Versehen einen Mann in den Rücken, der gerade aus einem Auto stieg. Der Mann drehte sich mit bösem Gesicht heftig um, doch als er den kleinen Jungen erblickte, drohte er ihm scherzhaft, aber auch streng mit dem Finger. Das Kindermädchen stand starr vor Schreck.
Später erfuhr mein Freund aus Gesprächen der Erwachsenen, dass sein Schneeball Kaganowitsch getroffen hatte.

JULI
26

1953

BEGINN DER KUBANISCHEN REVOLUTION UNTER FÜHRUNG FIDEL CASTROS

Als Fidel Castro und andere bärtige Prachtkerle nach Moskau zu reisen begannen, gefielen sie allen bestens. Mit ihrem Aussehen und ihrem klangvollen Spanisch unterschieden sie sich äußerst vorteilhaft von unseren »Partei- und Regierungsführern«.

Das schon reichlich abgestandene Wort »Revolution« begann auf einmal in neuen Farben zu schillern.

Allerdings ließ die Ernüchterung nicht lange auf sich warten. Sie kam, als sich herausstellte, dass »wir sie ernähren«. Sofort wurde zur Melodie von »Kuba, meine Liebe« ein neuer Text gedichtet. So in der Art: »Kuba, her mit unserm Brot. Kuba, behalt deinen Zucker. Wir haben genug vom bärtigen Fidel. Kuba, hau ab.«

JULI 27

1853

GEBURT DES RUSSISCHEN SCHRIFTSTELLERS, JOURNALISTEN, PUBLIZISTEN UND DER PERSON DES ÖFFENTLICHEN LEBENS WLADIMIR KOROLENKO

Mama lebte als Kind in derselben Straße wie die Korolenkos. Sie erlebte den Bürgerkrieg. In diesen Jahren, erzählte sie, wechselten die Machthaber in Poltawa ungefähr alle zwei Monate. Und unter jedem neuen Machthaber kam es zum Pogrom.

Viele suchten Schutz im Haus Korolenkos, den keine Macht anzutasten wagte.

JULI
28

1586

DIE ERSTEN KARTOFFELKNOLLEN KOMMEN NACH ENGLAND

Kartoffeln wurden im Keller gelagert. Sie wurden dort einfach auf den Boden geschüttet. Mutter oder Vater gingen mit dem Eimer hinunter, füllten ihn zur Hälfte und trugen ihn hoch.

Einmal ging ich ohne rechtes Ziel mit geschlossenen Augen durch die Wohnung. Und fiel natürlich durch die offene Luke in den Keller, wo mein Vater gerade Kartoffeln holte. Ich fiel ihm direkt auf den Rücken. Glücklicherweise war ich leicht. Deshalb kam niemand zu Schaden. Wir haben uns nur beide sehr erschrocken, ich und er.

JULI

1963

ERSTER FLUG DER *TU-134*

Vorher stand die Maschine auf der Ausstellung der Errungenschaften der Volkswirtschaft neben dem Industriepavillon. Man hielt sie für ein Wunder der Technik. Man konnte durch den rückwärtigen Eingang hineingehen und durch den vorderen wieder hinaus.
Das war auch so ein Ritual.

JULI
30

1862

GEBURT DES RUSSISCHEN MILITÄRS NIKOLAI JUDENITSCH, EINES DER FÜHRER DER WEISSEN BEWEGUNG

Ich hatte einen Bekannten mit diesem Nachnamen. Die ständige Frage, ob er kein Verwandter dieses berühmten Weißgardisten sei, ging ihm so auf die Nerven, dass er bei jeder neuen Bekanntschaft, ohne noch die lästige Frage abzuwarten, sagte (und dies mit einer gewissen präventiven Verärgerung): »Nein. Nicht verwandt!«

JULI
31

1605

**KRÖNUNG VON »DIMITRI IWANOWITSCH«
(IN DER GESCHICHTE BESSER BEKANNT UNTER DEM
NAMEN »FALSCHER DIMITRI I«.) IM KREML ZUM ZAREN**

Erst dachte ich, Falscher Dimitri sei einfach ein Name. Und dieser Name erschien mir im Unterschied zum langweiligen Namen Dimitri wunderschön. Übrigens scheint er mir das auch jetzt.
Überhaupt gefallen mir irgendwie lange Namen. Olympiada, zum Beispiel. Wahrscheinlich liegt das daran, dass meiner sehr kurz ist.

AUGUST

AUGUST
1
1936

GEBURT DES FRANZÖSISCHEN MODEDESIGNERS YVES SAINT LAURENT

Unsere Nachbarin Tatjana war taub. Und sie war Schneiderin. Sie kleidete das ganze Haus ein. Einmal stattete sie mich mit einer Generalskluft aus Zeitungen aus. Das gefiel mir. Als sie mir aber einen kleinen Petruschka zum vierten Geburtstag schenkte, den man über die Hand ziehen konnte, da erschrak ich so sehr, dass ich anfing zu brüllen und sie mir die Puppe wieder abnehmen musste. Er war aus dem Verschnitt verschiedenster Stoffe gefertigt.

AUGUST 2

1933

ERÖFFNUNG DES WEISSMEER-OSTSEE-KANALS*, BENANNT NACH STALIN

An Stalins Todestag hörte mein Vater mit dem Rauchen auf. Aus irgendeinem Grund erinnere ich mich daran. Auf seinem Tisch lag noch lange eine angebrochene Packung *Belomor* (*Weißmeer*). Er schmiss sie einfach nicht weg.

AUGUST 3

1492

**BEGINN DER ERSTEN EXPEDITION
DES CHRISTOPH KOLUMBUS**

Bei meinem großen Bruder trafen sich gelegentlich seine Studienfreunde. Ich fühlte mich sehr zu ihnen hingezogen, was auch verständlich war: Es ging hoch her, mit Flirts, Kassettenrekorder und Gesang zur Gitarre.
Ich erinnere mich noch, wie einer von ihnen mal ein Spottlied vortrug. Da hieß es: »Kolumbus erschloss Amerika — das unbekannt und endlos war. Weshalb erschloss er bloß, der Narr, auf unsrer Straße keine Bar.« Alles lachte und stimmte mit ein.

AUGUST 4

1875

**TOD DES DÄNISCHEN MÄRCHENAUTORS
HANS CHRISTIAN ANDERSEN**

Als in der dritten Klasse *Däumelinchen* aufgeführt wurde, fiel mir die unangenehme und etwas schnöde Rolle des Krötensohns zu, mit dem Däumelinchen verheiratet werden sollte. Da mir die Rolle nicht gefiel, gab ich mir keine besondere Mühe. Ich spielte ohne Hingabe, quakte einfach mechanisch und hopste ein wenig auf angewinkelten Beinen umher. So leicht ist das übrigens gar nicht.
Irgendwie habe ich mir gemerkt, wie der Leiter der Theatergruppe hieß: Wladislaw Jewgenjewitsch.

AUGUST 5

1850

GEBURT DES FRANZÖSISCHEN SCHRIFTSTELLERS GUY DE MAUPASSANT

In unserer frühen Jugend galt die Lektüre Maupassants als ein Zeichen des Erwachsenseins. Das war eine Art Initiation, auch wenn wir natürlich solch ein schlaues Wort damals noch nicht kannten.

Alle Jungen und Mädchen teilten sich in jene, die Maupassant SCHON lasen, und jene, die Maupassant NOCH NICHT lasen.

Die Eltern einiger von uns verbarrikadierten die Bücher Maupassants im Schrank und sagten: »Wir geben es dir, wenn du fünfzehn bist.«

Vor mir versteckten sie nichts. Ich habe Maupassant mit dreizehn gelesen. Schon damals und bis zum heutigen Tag habe ich nicht verstanden, was an diesem Maupassant SO toll sein soll.

AUGUST
6
1889

LETZTER BOXKAMPF OHNE HANDSCHUHE

Irgendwann mal habe ich das Gespräch zweier junger Frauen belauscht. Die eine erzählte der anderen: »Sie haben so viel Mäntel aufgehängt, dass der Kleiderhaken abgefallen ist. Unter dem Kleiderhaken schlief aber ein alter Boxer. Er hat sich so erschrocken!«
Ich habe nicht gleich begriffen, dass es um einen Hund ging. Erst habe ich mir einen alten betrunkenen Boxer vorgestellt, der unter einem Kleiderhaken eingeschlafen war.

AUGUST
7

1870

FJODOR TJUTSCHEW SCHREIBT SEIN BERÜHMTES GEDICHT *ICH TRAF SIE EINST* ...

Im Radio spielten sie beinahe täglich dieses Lied von Koslowski.
Der pensionierte Pilot Sergei Alexandrowitsch liebte es, die Art Koslowskis zu parodieren, recht gekonnt wie man sagen muss, indem er unerwartet anfing zu singen: »Ich traf S-i-i-i-i-e, und s-o-o-o-o-o weiter.« Jedes Mal lachten alle.

AUGUST 8

1899

DER AMERIKANISCHE ERFINDER ALBERT MARSHALL PATENTIERT DEN KÜHLSCHRANK

Unser erster Kühlschrank hieß *Sewer* (*Norden*). Er war fast sofort hinüber. Der Techniker kam einige Male vorbei, um ihn zu reparieren, doch er ging immer wieder kaputt.
Dann kam der gebrauchte, aber unzerstörbare *Saratow*. Nachts stieß er ungefähr solche Geräusche aus, wie sie manchmal aus dem Zimmer von Galja Fomina drangen, wenn irgendein neuer Verehrer zu ihr kam. Verehrer gab es viele, und sie wechselten einander oft ab.
Schließlich fiel ihre Wahl auf Lonja Tankilewitsch. Er hatte rote Haare und nur einen Arm. Den anderen hatte er an der Front verloren.

AUGUST

1516

TOD DES NIEDERLÄNDISCHEN KÜNSTLERS HIERONYMUS BOSCH, EINES DER BEDEUTENDSTEN MEISTER DER NIEDERLÄNDISCHEN RENAISSANCE

Ein Bekannter von mir, ein Künstler, in dessen Atelier ich bei meinen Spaziergängen durch die Innenstadt oft vorbeischaute, weil er immer was zu trinken da hatte, pflegte zu sagen: »Lieber Anhänger von Bosch, als von *MosCh*«*.
Mitglied von *MosCh* war er im Übrigen selbst, auch wenn er das nicht gerne zugab.

AUGUST 10

1524

GRÜNDUNG DES NOWODEWITSCHI-KLOSTERS IN MOSKAU

Einmal im Winter habe ich mir bei einem langen Spaziergang über den verschneiten Nowodewitschi-Friedhof auf der vergeblichen Suche nach Chlebnikows* Grab eine heftige Angina eingefangen, die mich für ein paar Wochen außer Gefecht setzte.
Weshalb ich unbedingt zu diesem Grab wollte, weiß ich schon nicht mehr.
Das war vor vielen Jahren, ungefähr 1966.

AUGUST 11

1973

PREMIERE DES FILMS
SIEBZEHN AUGENBLICKE DES FRÜHLINGS *

Damals war ich in Estland, in einem kleinen Dorf. Einen Fernseher gab es nicht. Aber selbst wenn. War ich etwa zum Fernsehen dorthin gefahren?
Als ich Anfang September nach Moskau zurückkehrte, hörte ich um mich herum permanent unverständliche Wörter wie »Stierlitz«, »Pleischner«, »Müller«, »Funkerin Kät«.
Einer meiner Freunde erklärte mir dann, was all das zu bedeuten hatte.

AUGUST 12

1851

DER AMERIKANISCHE SCHNEIDER ISAAC MERRIT SINGER PATENTIERT DIE VERBESSERTE NÄHMASCHINE MIT DOPPELSTEPPSTICH

Diese *Singer* stand in vielen Wohnungen. Auch wir hatten eine.
Mit ihr hat meine Mutter mir eine Samtjacke mit Reißverschluss genäht. Ich trug sie drei Jahre.

AUGUST 13

1521

EROBERUNG TENOCHTITLANS, HAUPTSTADT DER AZTEKEN, DURCH HERNÁN CORTÉS

Ich habe dieses schwierige Wort »Tenochtitlan« sofort gelernt, während es Smirnow einfach nicht hinbekam. Das machte ihn ungeheuer wütend, er ließ sich aber nichts anmerken.
Schließlich hielt er es nicht mehr aus und sagte, dass er dafür mit den Ohren wackeln könne. Er hat es vorgeführt.
Nach einiger Zeit hatte ich auch das gelernt. Aber das Wort »Tenochtitlan« hat er sich trotzdem nicht merken können.

AUGUST 14

1986

RESOLUTION DES ZENTRALKOMITEES DER KPDSU UND DES MINISTERRATS DER UDSSR *ÜBER DIE EINSTELLUNG DER ARBEITEN ZUR UMLENKUNG DER NÖRDLICHEN UND SIBIRISCHEN FLÜSSE*

Wenn der Frühling kam, zogen wir uns Gummistiefel über, liefen munter durch die Pfützen und leiteten mit Ziegelbrocken und Stöckchen die kleinen Rinnsale um.

AUGUST 15

1877

DER ERFINDER THOMAS EDISON SCHLÄGT ERSTMALS DIE VERWENDUNG DES WORTES »HELLO« BEI ABNAHME DES TELEFONS VOR

Ich erinnere mich, wie die Frau mit dem seltsamen Namen Ganja, wenn sie ans Telefon rief, jedes Mal sagte: »Wer ist da?« Walentina Nikolajewna sagte: »Ich höre.« Ihre Tochter Anja sagte: »Ja, bitte.« Der Major A. D. Nikitenko sagte: »Am Apparat.« Die schon betagte und gebildete Klawdija Nikolajewna, deren Familie einst die ganze Wohnung gehört hatte, sagte: »Helloo.« Der Metroarbeiter Gawrilow sagte kurz und grob: »Ja.« Die Alkoholikerin Njura, die nie jemand anrief, nahm den Hörer ab und sagte: »Wen wollen Sie?«

AUGUST 16

1893

TOD DES FRANZÖSISCHEN PSYCHIATERS UND ERFINDERS DES ANTIDEPRESSIVUMS *CHARCOT*, JEAN-MARTIN CHARCOT

Im Zentralbad, wohin mein Vater mich einige Male mitnahm, mochte ich vor allem das Schwimmbecken. Es war so flach, dass man in ihm stehen konnte. Schwimmen konnte ich damals noch nicht.

Dort gab es auch eine *Charcot*-Dusche, die einen mit starken Strahlen von allen Seiten abbrauste. Ich konnte sie auf den Tod nicht ausstehen. Sie kitzelte und war unangenehm. Ich fand sogar, sie tat weh.

AUGUST 17

1948

MUTTER TERESA VERLÄSST DIE KLAUSUR DER LORETOSCHWESTERN, UM IN DEN SLUMS VON KALKUTTA DEN ÄRMSTEN DER ARMEN ZU DIENEN

Einmal lud mich mein Mitschüler Wowa Gusjew nach der Schule zu sich nach Hause ein. Wie sich herausstellte, lebte er mit seiner Mutter in der Pförtnerloge eines Betriebes, in dem die Mutter als Wächterin arbeitete.
Sie kochte uns Nudelsuppe. Der zweite Gang bestand aus denselben Nudeln.
Mir gefiel das. Besonders gefiel mir die Wohnung, weil die ganze Zeit irgendjemand vorbeilief, und das war sehr interessant.
Was Armut ist, wusste ich damals nicht. Das heißt, ich wusste es. Aber ich wusste, dass es Armut nur in anderen Ländern gibt. In Amerika zum Beispiel.

AUGUST 18

1850

TOD DES FRANZÖSISCHEN SCHRIFTSTELLERS HONORÉ DE BALZAC

Ich konnte mich lange nicht dazu durchringen, wenigstens einen seiner Romane zu lesen, weil er mich auf seinem Porträt schrecklich an eine Freundin meiner Mutter erinnerte, die ich nicht mochte, weil sie mir bei jedem Treffen mit Zeige- und Mittelfinger schmerzhaft in die Wange kniff. Sie und Balzac waren einander erstaunlich ähnlich. Der Unterschied zwischen ihnen bestand lediglich darin, dass einer von ihnen einen Schnauzer hatte.

AUGUST 19

1692

VERURTEILUNG UND HINRICHTUNG VON FÜNF FRAUEN WEGEN ZAUBEREI IN DER ENGLISCHEN KOLONIE MASSACHUSETTS

Ich erinnere mich an ein Spiel mit dem Namen »Die Zauberer«. Worauf es hinauslief, habe ich völlig vergessen.
Aber ich weiß noch, womit es begann. Einer der Spieler streckte seinen Arm mit der Handfläche nach unten aus, und alle anderen pressten ihre Zeigefinger an die Handfläche. Daraufhin rief der Spieler mit der Handfläche nach unten: »Mama, Papa, Kröte, zack!« und ballte die Hand zur Faust. Wer seinen Finger nicht rechtzeitig wegzog, musste »führen«.
Aber wie es weiterging, daran erinnere ich mich, wie gesagt, nicht.

AUGUST
20

1721

INBETRIEBNAHME DER BERÜHMTEN SPRINGBRUNNEN UND WASSERSPIELE VON PETERHOF

Am Ende der siebten Klasse fuhren wir mit unserer Lehrerin für Literatur, Natalja Iwanowna, nach Leningrad. Wir waren in einem günstigen Hotel am Stadtrand untergebracht.
Pro Zimmer wohnten wir zu dritt. In meinem Zimmer wohnten außer mir Smirnow und Pawlow. Die halbe Nacht quasselten und alberten wir herum.
Morgens machten wir uns zu allen möglichen Sehenswürdigkeiten auf.
Auch in Peterhof waren wir. Dort gab es Springbrunnen. Einer von ihnen stellte Samson dar, der einem Löwen das Maul aufreißt.
Den gesamten Rückweg rissen Smirnow und Pawlow Witze. Sie deuteten mit den Fingern auf mich und sagten: »Zeit, Lew das Maul aufzureißen.«* Und sie machten mit Gesten vor, wie sie das in die Tat umzusetzen gedachten. Alle hatten ihren Spaß. Sogar ich.

AUGUST 21
1968

INVASION DER TRUPPEN DES WARSCHAUER PAKTES IN DIE TSCHECHOSLOWAKEI UND ENDE DES PRAGER FRÜHLINGS

An diesem Tag war ich in Tallinn. Ich wusste von nichts, lief die Straße entlang und traf ein paar Moskauer Bekannte — ein Ehepaar. Sie wirkten völlig niedergeschlagen. Ich habe gefragt, was passiert sei. Und sie haben es mir erzählt.
Wir sind ins nächste Geschäft gegangen, haben Wodka gekauft, uns direkt auf eine Bank an irgendeinem Platz gesetzt und die Flasche schweigend geleert. Zu bereden gab es nichts.

AUGUST
22

1941

**VERABSCHIEDUNG DER RESOLUTION
*ÜBER DIE VERSORGUNG DER ROTEN ARMEE
MIT WODKA* DURCH DAS STAATLICHE
VERTEIDIGUNGSKOMITEE DER UDSSR**

Aus dem Krieg kehrten viele als Alkoholiker heim. Ich erinnere mich, wie an einem Bierstand zwei einbeinige Invaliden mit Krücken aufeinander einprügelten. Sie prügelten sich, weil einer den anderen als »Hinterlandratte« bezeichnet hatte. Man trennte sie, und sagte: »Jungs, was ist los mit euch? Ihr seid doch Frontkämpfer. So geht das doch nicht.« Frontkämpfer gab es damals viele, praktisch die gesamte männliche Bevölkerung in meiner Umgebung. Sie waren ganz unterschiedlich — kluge und dumme, gute und schlechte, ehrliche und Betrüger. Damals hatte man noch kein besonderes sentimentales Verhältnis zu ihnen, wie es später in den 1960er- und 1970er-Jahren aufkam. Auch das Wort »Veteran« existierte damals übrigens nicht.

AUGUST 23

1935

VERÖFFENTLICHUNG DER ENTSCHEIDUNG DES RATS DER VOLKSKOMMISSARE DER UDSSR UND DES ZENTRALKOMITEES DER KOMMUNISTISCHEN ALLUNIONS-PARTEI DER BOLSCHEWIKI ÜBER DIE AUSWECHSLUNG DER ZWEIKÖPFIGEN ADLER AUF DEN KREMLTÜRMEN DURCH FÜNFZACKIGE STERNE

Ein Künstlerfreund von mir lebte in Samoskworetschje*. In seiner Wohnung gab es eine Toilette, in die man abends, nach Einbruch der Dunkelheit, Exkursionen hätte führen können. In der Toilette gab es nämlich ein schmales Fenster, durch das, wie auf einem Gemälde, der Spasski-Turm des Kremls mit dem roten Stern obendrauf prangte.

AUGUST 24

1876

AUFBRUCH NIKOLAI PRSHEWALSKIS ZU SEINER ZWEITEN ZENTRALASIENEXPEDITION

Einst kursierte eine hartnäckige Legende (und tut das wohl bis heute), nach der Prshewalski Stalins Vater sei. Sie entstand vermutlich, weil beide einander auf Porträts wirklich frappierend ähnlich sehen.

Als Argument wurde (abgesehen von der äußeren Ähnlichkeit) die angeblich historische Tatsache angeführt, dass Prshewalski ungefähr in jenen Jahren in Gori war, in denen Stalin geboren wurde.

AUGUST
25
1900

TOD DES DEUTSCHEN PHILOSOPHEN UND VERTRETERS DES IRRATIONALISMUS FRIEDRICH NIETZSCHE

Einmal saß ich in einer Runde und beobachtete, wie ein schmachtendes und ziemlich aufdringliches Mädchen, das merklich ein Auge auf einen der anwesenden jungen Männer geworfen hatte, versuchte, ein tiefgründiges Gespräch mit ihm zu beginnen. Das tat sie offenbar deswegen, weil über den jungen Mann bekannt war, dass er Dichter war und Philologie oder sogar Philosophie studiert hatte.
Der junge Mann war sichtlich unbeeindruckt von ihren Bemühungen und blieb im Gespräch träge und einsilbig. Denn er war im selben Moment auf ein ganz anderes Mädchen fixiert.
Während sie ihm die verschiedensten Fragen zu intellektuellen Themen stellte, verwendete sie — offenbar unter der Einwirkung ihres angestrengt arbeitenden Unbewussten — die ganze Zeit das Wort »lieben« in unterschiedlichen Formen.
»Lieben Sie denn Friedrich Nietzsche?«, fragte sie, mit Betonung auf Friedrich — wer weiß, was es noch alles für Nietzsches gibt. »Nun«, antwortete er halbherzig, »nicht alles, aber einiges.«

AUGUST 25
1900

»Und lieben Sie Sigmund Freud?«, fuhr sie fort. »Freud?«, hakte er nach. »Sigmund?« — »Ja, Freud.« — »Freud liebe ich nicht«, sagte er bestimmt. »Ich lese Freud. Aber ich liebe, generell gesagt, Frauen.« Und unverhohlen fügte er hinzu: »Wenn auch nicht jede.«

AUGUST 26

1770

IM BULLETIN DER FREIEN ÖKONOMISCHEN GESELLSCHAFT ERSCHEINT MIT *ANMERKUNGEN ZUR KARTOFFEL* ERSTMALS EIN WISSENSCHAFTLICHER ARTIKEL ÜBER DIESE PFLANZE

Mit ungefähr vierzehn Jahren entschied ich von einem Moment auf den anderen, dass das Wort »Kartoffel« schrecklich vulgär, geradezu abstoßend klingt. Offenbar assoziierte ich das Wort mit einem mir unangenehmen Menschen.
Deshalb fing ich an, »Erdäpfel« zu sagen.
Es hat eine Weile gebraucht, bis ich verstand, wie hochtrabend und gleichzeitig offiziös das klang. »Frikadelle mit gebratenen Erdäpfeln«. Grausig!

AUGUST 27

1919

**DEKRET DER REGIERUNG SOWJETRUSSLANDS
ZUR VERSTAATLICHUNG
DER FILMINDUSTRIE
IM LANDE**

Der erste Kinofilm, dessen Titel ich mir gemerkt habe, war kein sowjetischer, sondern ein amerikanischer. Es war *Tarzan*. Über diesen Film sagte man, er sei »erbeutet«. Was erbeutet bedeutete, wusste ich nicht und dachte, dass es eben einfach lustige Filme, ernste Filme, »schwierige« Filme (was man für gewöhnlich über indische Melodramen sagte) und erbeutete Filme gab.
Den Film *Tarzan* habe ich selbst gar nicht gesehen — ich war damals noch zu klein. Aber die älteren Jungen — unter anderem mein großer Bruder — spielten tagelang Tarzan im Hof. Sie schwangen sich durch die Zweige unserer alten Linde und brüllten mit dumpfen, affenähnlichen Stimmen.

AUGUST 28

1853

GEBURT DES SOWJETISCHEN INGENIEURS, ERFINDERS, WISSENSCHAFTLERS UND EHRENMITGLIEDES DER AKADEMIE DER WISSENSCHAFTEN WLADIMIR SCHUCHOW

Mein Klassenkamerad Wolodja Schuchow war sehr groß und hager. Ein anderer Klassenkamerad — ebenfalls unheimlich groß — trug den Familiennamen Uspenski. Schuchow wurde in der Klasse »Schuchow-Radioturm«* gerufen, was auch sonst, und Uspenski — »Uspenski-Glockenturm«*.

AUGUST
29
1862

GEBURT DES BELGISCHEN SCHRIFTSTELLERS, DRAMATURGEN UND NOBELPREISTRÄGERS MAURICE MAETERLINCK

Als ich in der dritten Klasse war — das war im Spätherbst 1956 — gingen wir ins Theater und sahen *Der blaue Vogel*. Das Stück hinterließ bei mir einen ungewöhnlich starken, wenn auch sehr beklemmenden Eindruck.
Dieser Eindruck ist bestimmt noch dadurch verstärkt worden, dass ich im Theater krank geworden bin. Als ich zu Hause ankam, habe ich mich sofort mit Fieber ins Bett gelegt. Ich erinnere mich gut, dass ich durch den Fieberschlaf hindurch das Radio irgendwas mit beunruhigender Stimme brabbeln hörte, während meine Eltern mit ihrerseits gedämpfter Stimme die Ereignisse in Ungarn besprachen.

AUGUST 30
1918

**ATTENTAT
FANNY KAPLANS
AUF WLADIMIR ILJITSCH LENIN**

Ich erinnere mich, wie der betrunkene Onkel Serjoscha auf einem wackeligen Schemel im Hof saß und den umstehenden Kindern erzählte, dass die deutsche Faschistin Kaplan im Auftrag des deutschen Juden Trotzki auf Lenin geschossen habe.

AUGUST 31

1935

DER BERGMANN ALEXEI STACHANOW AUS DEM DONBASS ÜBERTRIFFT DIE TAGESNORM ZUR KOHLEFÖRDERUNG UM DAS VIERZEHNFACHE, WAS DEN BEGINN DER *STACHANOW-BEWEGUNG* EINLÄUTET

Mein Kumpel, ein Arzt, der schon lange in Haifa lebt, erzählte, wie der Chefarzt jenes Krankenhauses, in dem er arbeitet, ein Aussiedler aus Kanada oder den Staaten, ihm einmal auf Hebräisch sagte: »Alexander, Sie sind ein fantastischer Arzt. Ein echter Stachanowez.«

Ich habe keine Ahnung, woher er dieses Wort kannte, das selbst hier schon in Vergessenheit geraten ist.

SEPTEMBER

SEPTEMBER

1

1910

**ERÖFFNUNG DER ERSTEN RUSSISCHEN FABRIK
FÜR GRAMMOPHONSCHALLPLATTEN,
DER *APRELJEWSKI-SCHALLPLATTENFABRIK***

Neben Grammophonplatten mit Foxtrott und Tango, oder solchen mit Aufnahmen von Utjossow, Schulschenko, Buntschikow, Netschajew und Ruslanowa,* gab es auch einige für Kinder.
Zwei mochte ich besonders gern: Auf der einen lasen zwei Schauspieler mit unterschiedlichen Stimmen (manchmal auch zusammen) *Das Telefon* von Tschukowski*.
Auf der anderen las die Schauspielerin Rina Seljonaja humoristische Gedichte mit virtuos nachgemachter Kinderstimme. Zum Beispiel ein Gedicht darüber, wie eine Familie an einem freien Tag jemanden auf der Datscha besuchen will, doch die ganze Zeit passieren kleine Unannehmlichkeiten: Entweder ist die Adresse falsch oder der Zug hält an der falschen Station, oder sonst noch was.
Ich erinnere mich noch genau an diese Stelle:

> Da fing ein schlimmer Regen an
> Und Papa schimpfte: Mannomann.
> Wo ist der Schirm? Ich hab's gewusst!
> Dass ihr ihn auch vergessen müsst ...

SEPTEMBER
1
1910

Genau diese Schallplatte, die ich ständig hörte, fiel mir einmal runter und zersprang in zwei Teile. Ich habe deshalb bittere Tränen geweint.

SEPTEMBER 2

1940

EINFÜHRUNG DES *MARSCHALLSTERNS*, DES HÖCHSTEN EHRENTITELS IM MILITÄR

Unser Nachbar Walera Kirnos, der einige Jahre später in ein Umerziehungslager gesteckt wurde, weil er ein Rüpel und, wie sich erst dann herausstellte, ein kleiner Dieb war, schenkte mir zum elften Geburtstag Porträts sowjetischer Marschälle, die er aus der Zeitschrift *Ogonjok** ausgeschnitten hatte.
Nachdem ich einige Tage damit verbracht hatte, die Uniformen und Orden zu bewundern, steckte ich die Porträts irgendwohin, wohin genau, weiß ich nicht mehr.

SEPTEMBER 3

1914

GEBURTSSTUNDE DES BÜSTENHALTERS

Das Wort »Büstenhalter« schien zu opulent und zugleich leicht komisch zu sein, so wie alles unvermeidlich komisch war, was nicht gezeigt wurde.
Meist sagte man einfach »Liftschik«.
Liftschiki gab es aber nicht nur für Frauen und Mädchen. Es gab auch welche für Jungs, was dann Anlass für langjährige, ernste psychische Traumata war.
Jungen trugen Liftschiki, an die mit einem breiten Gummi Strümpfe festgeschnallt wurden. Liftschiki waren ein recht schambesetzter Gegenstand. Wie übrigens auch hellblaue lange Unterhosen, die auf hinterhältigste Art und Weise immer wieder aus den Hosen herauslugten.
Ohne lange Unterhosen herumzulaufen und tapfer zu frieren, galt als Zeichen von Männlichkeit.

SEPTEMBER 4

1888

GEORGE EASTMAN ERHÄLT DAS PATENT AUF DEN FOTOAPPARAT MIT ROLLFILM UND REGISTRIERT DIE MARKE *KODAK*

Den benutzten Negativstreifen rollte man zuerst fest auf, wickelte ihn danach in Alufolie ein, legte ihn auf das Balkongeländer und zündete ihn vorsichtig an. Wie eine Rakete schoss er dann, wenngleich auch nur kurz, mit einem Feuerschweif über die Straße hinweg.
Man musste aber aufpassen, dass er in die richtige Richtung flog und nicht beispielsweise zu einem selbst. Das klappte nicht immer.

SEPTEMBER
5
1944

**IN LONDON WIRD DER *BENELUX-VERTRAG*
ÜBER WIRTSCHAFTLICHE ZUSAMMENARBEIT
UNTERZEICHNET**

Als ich zum ersten Mal im Radio das Wort »Benelux« hörte, dachte ich zunächst, dass das ein Vorname und Familienname sei. So was wie Benja Krik*. Erzählungen über ihn lasen meine Eltern oft laut vor.

SEPTEMBER

1936

EINFÜHRUNG DER AUSZEICHNUNG
VOLKSKÜNSTLER DER UDSSR

Einen Rang niedriger, aber immer noch durchaus ehrenvoll, war *Verdienter Künstler der Republik*.
Einige besonders Scharfsinnige kamen dann auf die spöttische Paraphrase: »Verschniefter Künstler ohne Publikum.«
»Verdienter Arbeiter der Schönen Künste« wurde kurz »Verarsch« genannt.

SEPTEMBER 7

1813

IN DEN VEREINIGTEN STAATEN WIRD IN DER WOCHENZEITUNG *THE TROY POST* ZUM ERSTEN MAL DIE BEZEICHNUNG »UNCLE SAM« BENUTZT

Dieser »Onkel« tauchte in meiner Kindheit ständig in den Karikaturen der Zeitschrift *Krokodil* auf. Er war ein dürres, schlaksiges und altmodisches Subjekt mit langem Ziegenbart und Zylinder mit Sternenbanner auf dem Kopf.
Unermüdlich »rasselte« er mit seinen »Waffen«, veranstaltete das »Wettrüsten«, fuchtelte mit einer Spielzeugbombe herum, auf der ein »A« gepinselt war, was »Atombombe« hieß, und unterdrückte zudem die farbige Bevölkerung seines Landes.
Und doch hatte er etwas unerklärlich Charmantes, er gefiel mir sogar, obwohl ich dieses Gefühl anfangs unterdrückte. Bald darauf ließ ich das sein.

SEPTEMBER

1801

GRUNDSTEINLEGUNG DER KASANER KATHEDRALE IN SANKT PETERSBURG

Zu Sowjetzeiten war dort das Museum für Religion und Atheismus. Da gab es auch einen Saal über die Inquisition, in dem Folterwerkzeuge ausgestellt wurden.
Ich erinnere mich an einen mit Nägeln gespickten Sessel und die »Hungermaske«. Das war eine gusseiserne Maske, die einem Menschen aufgesetzt wurde und verhinderte, dass er die Speisen aß, die man vor ihn hinstellte.
Und es gab dort auch noch viele andere lustige und interessanten Sachen.

SEPTEMBER

1828

**GEBURT DES RUSSISCHEN SCHRIFTSTELLERS,
PUBLIZISTEN, GRAFEN UND KLASSIKERS
DER WELTLITERATUR LEW TOLSTOI**

Eine kleine Bronzebüste von Tolstoi stand lange Zeit auf meinem Schreibtisch. Dann wurde sie mir gestohlen. Von einem meiner Gäste. Ich weiß sogar ziemlich sicher, wer es war. Ich verstehe nur nicht, warum — besonders wertvoll ist die Büste nicht.

Vor Kurzem traf ich diese Person. Ich war die ganze Zeit versucht zu fragen, ob Lew Nikolajewitsch noch lebt, und wenn ja, wie es ihm geht. Aber natürlich tat ich's dann doch nicht.

SEPTEMBER
10
1979

TOD DES ANGOLANISCHEN STAATSMANNES UND ERSTEN PRÄSIDENTEN SEINES LANDES AGOSTINHO NETO (1975-1979)

Ja, ich erinnere mich an diese Geschichte. Er kam zur Behandlung in die UdSSR und starb sofort.
Gewisse Scherzkekse hatten für diese traurige Nachricht gleich einen Spruch parat: »Es kam Neto, und fuhr Brutto.«
Überhaupt herrschte in diesen Jahren ein ungezügelter und oft zynischer Humor.

SEPTEMBER
11
1877

GEBURT DES SOWJETISCHEN STAATSMANNES UND POLITIKERS, REVOLUTIONÄRS UND GRÜNDERS DER TSCHEKA* FELIX DSERSHINSKI

Unsere Nachbarin Nina Nikolajewna brachte mich zum Lachen, wenn sie statt »gefiel mir« »gefliel mir« und statt »Dsershinski- Platz« »Sdershinski-Platz« sagte.

SEPTEMBER
12

1715

PETER I. VERBIETET (ZUM SCHUTZ DER HOLZBRÜCKEN) PER DEKRET DEN BEWOHNERN DER HAUPTSTADT, IHRE STIEFEL UND SCHUHE MIT KLAMMERN UND NÄGELN ZU BESCHLAGEN

Als ich in der neunten Klasse war, kamen gerade spitze Halbschuhe in Mode. Die Sohle bestand aus speziellem Gummi. Es gab sie in zwei Ausführungen: einmal für neun Rubel und einmal für fünfzehn. Ich hatte die für neun. Und war trotzdem ziemlich stolz.

Man trug sie nicht jeden Tag, sondern ging in ihnen zu Besuch, ins Theater oder auf abendliche Schulveranstaltungen, wo die Mutigsten Twist tanzten. Die anderen schauten zu und waren heimlich neidisch, auch wenn sie das nicht zeigten.

SEPTEMBER 13

1929

**ALEXANDER FLEMING PRÄSENTIERT
DER ÖFFENTLICHKEIT ZUM ERSTEN MAL
SEINE ENTDECKUNG: DAS PENICILLIN**

Als ich dreieinhalb Jahre alt war, bekam ich Scharlach und man brachte mich ins Krankenhaus.
Später wiederholte Mama oft, wenn es das »Penicillin nicht gäbe, dann, wer weiß …«
Wahrscheinlich habe ich seitdem Angst vor Spritzen. Die habe ich übrigens immer noch.
Mama sagte, dass ich statt »Spritze« »Fritze« sagte; und alle hätten immer gelacht. Das Wort »Fritz«* war in den Jahren, in denen ich aufwuchs, sehr verbreitet; nicht so wie »Spritze«.

SEPTEMBER 14

1321

TOD DES ITALIENISCHEN DICHTERS UND DENKERS, SCHÖPFERS DER ITALIENISCHEN LITERATURSPRACHE DANTE ALIGHIERI

Wolodja Schuchow sagte, dass Dante derjenige sei, der Puschkin angeschossen habe. »Angeschossen« — daran erinnere ich mich genau.
»Nein«, sagte der schlauere Smirnow, der mehr Bücher gelesen hatte als Schuchow, »das war d'Anthès.«
»Wo ist da schon der Unterschied? Dante, d'Anthès!«, sagte Schuchow voller Überzeugung.
Damit endete der Streit, weil es andere, interessantere Sachen gab. So überlegten wir zum Beispiel, wie man unentdeckt eine Schachtel Zahnpulver, die wir extra dafür gemeinsam in der Apotheke gekauft hatten, in die Aktentasche der Englischlehrerin Anna Pawlowitsch, genannt Suppenkelle, schütten könnte.

SEPTEMBER 15

1801

DAS ERSTE FAHRRAD DER WELT WIRD ALEXANDER I. VORGESTELLT

Irgendwo habe ich gelesen, dass ein Priester oder Mönch den Namen Welosipedow* hatte, lang bevor das Fahrrad erfunden wurde. Es scheint, als habe sich ein Kenner alter Sprachen sehr ins Zeug gelegt und dem Seminaristen ohne Familie diesen Namen gegeben. Aus dem Griechischen lässt sich der Name mit »Schnellfuß« übersetzen.
Wahrscheinlich war das ein flinker Bursche.

SEPTEMBER
16

1977

TOD DER GRIECHISCH-AMERIKANISCHEN SÄNGERIN MARIA CALLAS

Ich weiß noch, wie die Frau mit dem seltsamen Namen Ganja jedes Mal mitsang, wenn das Radio in der Küche *Die Liebe hat, wie das Vöglein, Flügel* spielte. Sie liebte diese Arie, die sie »Lied« nannte, sehr.
Dieses »Lied« hörte man damals ziemlich häufig in den Wunschkonzerten für die Radiohörer, wie auch die Polonaise von Ogiński und »Wohin, wohin sind sie entschwunden«, gesungen von Lemeschew.

SEPTEMBER 17

1857

GEBURT DES SOWJETISCHEN WISSENSCHAFTLERS, AERODYNAMIKFORSCHERS UND BEGRÜNDERS DER KOSMONAUTIK, KONSTANTIN ZIOLKOWSKI

Ich kannte einmal eine reizende alte Dame, die aus Kaluga stammte und das dortige Gymnasium besucht hatte. In diesem Gymnasium hat Ziolkowski unterrichtet.
Er war ihren Erinnerungen nach ein furchtbarer Sonderling und zudem etwas taub, und die Gymnasiastinnen haben sich natürlich über ihn lustig gemacht.
Außerdem war er sehr gutmütig und alle nutzen das aus. Wenn eine Schülerin den Stoff schlecht konnte und er ihr dafür eine Fünf geben wollte, fing sie an zu heulen. Er schreckte sofort zurück, gab ihr eine Vier anstelle der Fünf und brummelte währenddessen »Nun heuwt doch nicht, nun heuwt doch nicht.«
Den Laut »l« sprach er polnisch aus.

SEPTEMBER 18

1810

DIE KREOLISCHE MILITÄRJUNTA VERKÜNDET DIE UNABHÄNGIGKEIT CHILES VON SPANIEN

Als er einmal die Landkarte Südamerikas betrachtete, auf der sich Chile wie ein langer, schmaler Streifen vom Norden nach Süden erstreckt, sagte Smirnow versonnen: »Tja, über so ein Land würde kein Dichter *Weit ist meine Heimat** schreiben.« Eigentlich machte er selten gute Witze. Aber dieser gefiel mir.

SEPTEMBER 19

1888

IN BELGIEN FINDET DER WELTWEIT ERSTE SCHÖNHEITSWETTBEWERB STATT

Einmal hörte ich, wie ein Asiate laut und lange mit irgendwem per Handy telefonierte. Aus dem Kontext konnte ich erschließen, dass er jemandem von seiner bevorstehenden Hochzeit erzählte. Offensichtlich antwortete er gerade auf die Frage, ob die Braut denn schön sei, und schrie fröhlich in den Hörer: »Ja! Einer Schöner! Weißer! Alle Zähner ganz!«

SEPTEMBER 20

1802

IN RUSSLAND WERDEN MINISTERIEN ANSTELLE DER KOLLEGIEN EINGERICHTET

Ein Freund meines Vaters, Wladimir Wassiljewitsch, arbeitete im Ministerium. Er leitete da irgendeine Abteilung. Er und seine Frau, Tante Galja, kamen uns öfter mit ihrem *Pobeda* samt Chauffeur besuchen. Ich durfte im Auto Probe sitzen. Mit wichtiger Miene saß ich dann in Sichtweite meiner Freunde und streckte mich auf der mit einem Teppich bedeckten Rückbank aus.
Dann verließ er das Ministerium. Und der *Pobeda* verschwand irgendwohin.

SEPTEMBER
21

1866

GEBURT DES ENGLISCHEN SCHRIFTSTELLERS UND PUBLIZISTEN HERBERT WELLS

Einmal, als ich wieder mit Mama in Sewastopol war, fing ich mir eine heftige Mandelentzündung ein.

Ich kann mich erinnern, dass ich mit hohem Fieber im Durchgangszimmer lag, wo alle hin und her liefen, und dass ich zwischendurch, wenn ich nicht gerade schlief, *Der Unsichtbare* las. Wenn ich einschlief, träumte ich von ihm, dem Unsichtbaren, und die Realität vermischte sich mit dem Traum.

SEPTEMBER
22
1791

GEBURT DES ENGLISCHEN PHYSIKERS UND CHEMIKERS MICHAEL FARADAY, DES BEGRÜNDERS DER LEHRE VOM ELEKTROMAGNETISCHEN FELD

Am Giebel der Lenin-Bibliothek befinden sich Reliefs von internationalen Koryphäen der Wissenschaft. Früher, zu Sowjetzeiten, wurden vor Feiertagen über diese Reliefs riesige Portraits der Mitglieder des Politbüros gehängt. Besonders witzig fand ich die unter diesen Portraits von langweiligen, in identische Jacketts gekleideten Männern angebrachten Namenszüge. Da stand dann zum Beispiel: Lomonossow, Newton, Faraday und so weiter.

SEPTEMBER 23

1848

GEBURTSSTUNDE DES KAUGUMMIS

Mein Cousin Igor war, wenngleich nicht lange, mit der Tochter eines Botschafters verheiratet. Entweder in Schweden oder in Dänemark — das weiß ich nicht mehr.
Wenn er uns besuchen kam, schenkte er mir jedes Mal Kaugummis.
Den ganzen nächsten Tag über war ich dann der wichtigste Mensch in der Klasse.

SEPTEMBER

1541

**TOD DES SCHWEIZER
ARZTES UND ALCHEMISTEN
PARACELSUS**

Irgendwie passieren mir immer alle möglichen unerklärlichen Dinge.
Aber das vermutlich Merkwürdigste und Unerklärlichste, was ich in meinem Leben gesehen habe, war eine Kreideaufschrift an einer Wand, auf die ich in Berlin Mitte der 1990er-Jahre gestoßen bin. Ich war irgendwohin auf dem Weg und kam an der Wand eines unscheinbaren Hauses vorbei. Darauf stand auf Russisch: »Paracelsus war ein Mörder!« Das war so erstaunlich, dass ich gar nicht erst versuchte zu verstehen, was das bedeuten könnte.

SEPTEMBER
25

1991

DIE *DOSAAF* WIRD ZUR *ROSTO**

Dieses erstaunliche mysteriöse Mantra muss so lange wiederholt werden, bis Anzeichen der Erleuchtung auftreten. Aber nicht jeden Tag. Denn man darf starke spirituelle Mittel nicht missbrauchen. Im schlimmsten Fall könnten sie aufhören zu wirken.

SEPTEMBER 26

1976

IN NOWOSIBIRSK STÜRZT EIN FLUGZEUG DES TYPS ANTONOW *AN-2* IN EIN WOHNHAUS

In diesem Jahr stürzten überhaupt außergewöhnlich oft Flugzeuge ab. Es kursierte sogar ein böser Witz: »Jetzt ist es gefährlich geworden, mit dem Zug zu reisen«, sagt der eine. »Wieso denn ausgerechnet mit dem Zug?«, wundert sich der andere. »Weil auf die Züge andauernd Flugzeuge abstürzen.«

SEPTEMBER 27

1938

SERGEI PAWLOWITSCH KOROLJOW*
WIRD ZU ZEHN JAHREN HAFT VERURTEILT

Als Gagarin in den Kosmos flog und nach ihm auch andere Kosmonauten, sagten die Erwachsenen ständig: »Das ist doch einfach unfair: Den ganzen Ruhm bekommen die Kosmonauten, aber den Namen des wichtigsten Konstrukteurs, dieses wahrhaft großartigen Menschen, den kennt niemand. Er hätte doch ein Denkmal zu seinen Lebzeiten verdient. Man müsste herausfinden, wer das ist!«
Und Mama fügte noch hinzu: »Er verdient einen Nobelpreis.«
Übrigens sagte sie auch über den unbekannten Erfinder des Klappbetts häufig, dass sie ihm einen Nobelpreis verleihen würde, wenn es in ihrer Macht stünde. Irgendwie hielt sie das Klappbett für eine herausragende Erfindung. Anscheinend, weil wir oft Besuch von Verwandten aus anderen Städten bekamen und das Klappbett wirklich unersetzlich war.

SEPTEMBER
28
1939

DIE UDSSR UND DEUTSCHLAND SCHLIESSEN DEN DEUTSCH-SOWJETISCHEN GRENZ- UND FREUNDSCHAFTSVERTRAG AB, WELCHER DIE LIQUIDIERUNG POLENS BESIEGELT

Ende der 1960er-Jahre bin ich mal in einem Antiquariat auf dem Arbat* auf ein altes Buch gestoßen. Das war das *Politische Wörterbuch* in der Ausgabe von 1940.
Ich hatte überhaupt nicht vorgehabt, es zu kaufen. Wozu brauche ich ein »politisches Wörterbuch«? Und nach dazu in der Ausgabe von 1940.
Aber aus irgendeinem Grund habe ich es aufgeschlagen. Das Buch öffnete sich beim Buchstaben »W«. Das erste, was ich sah, war das Wort »Warschau«. Da stand sehr bündig formuliert: »Warschau. Wichtigste Stadt des ehemaligen Polen.« Und das war's. Das Wort »Polen« habe ich gar nicht erst gesucht.

SEPTEMBER
29

1758

GEBURT DES ENGLISCHEN MARINEKOMMANDEURS UND VIEZEADMIRALS HORATIO NELSON

Auf dem jüdischen Friedhof von Malachowka, wo meine Eltern begraben liegen, habe ich mal eine Grabtafel mit einem ungewöhnlichen Nachnamen entdeckt. Es war ein Doppelname, der offensichtlich des besseren Klangs wegen geteilt worden war. Dieser Name war: »Katz-Nelson«. Interessanterweise befand sich neben diesem Grab ein anderes mit einem bescheideneren, und vor allem glaubwürdigeren Nachnamen: »Katznelson«. Waren das Verwandte?
Auf jüdischen Friedhöfen begegnen einem überhaupt manchmal sehr seltsame Nachnamen. Auf anderen Friedhöfen übrigens auch.

SEPTEMBER
30
1967

ZUM ERSTEN MAL IN DER RAUMFAHRTGESCHICHTE WIRD DAS AUTOMATISCHE ANKUPPELN VON ZWEI RAUMSCHIFFEN DURCHGEFÜHRT: ES HANDELT SICH UM DIE SOWJETISCHEN MODELLE *KOSMOS 186* UND *KOSMOS 188*

Vor langer Zeit, lange vor der Epoche der Mobiltelefone, habe ich mit einem Bekannten, der zu Besuch nach Moskau kam, ein Treffen ausgemacht. Als Treffpunkt habe ich die Mitte der Metrostation *Nowokusnezkaja* angegeben.

Nachdem ich 40 Minuten lang auf ihn gewartet hatte, kam mir der Verdacht, dass er die Stationsnamen durcheinandergebracht haben könnte (was bei Besuchern oft vorkommt): Dass er nämlich nicht zur *Nowokusnezkaja*, sondern zur *Nowoslobodskaja* gekommen war. Ohne mir große Hoffnungen auf Erfolg zu machen, begab ich mich zur *Nowoslobodskaja*, aber natürlich war er da nicht. So trafen wir uns also nicht.

Am Abend desselben Tages haben wir dann telefoniert. Es stellte sich heraus, dass er die Namen tatsächlich verwechselt hatte und zur *Nowoslobodskaja* gekommen war, wo er ebenfalls 40 Minuten auf mich gewartet hatte. Dann war ihm der Verdacht gekommen, dass er wohl die Stationsnamen verwechselt hatte, sodass er beschloss, für alle Fälle, zur *Nowokusnezkaja* zu fahren. Zu dieser *Nowokusnezkaja* machte

SEPTEMBER
30

1967

er sich ungefähr zur selben Zeit auf wie ich von dort zur *Nowoslobodsjaka*. Und da haben wir uns natürlich verpasst.
Am nächsten Tag haben wir uns dann doch getroffen. An der Station *Lenin-Bibliothek*. In der Mitte.

OKTOBER

OKTOBER
1
1949

AUSRUFUNG DER CHINESISCHEN VOLKSREPUBLIK

Mitte der 1930er-Jahre, erzählte Mama, lebten in Moskau sehr viele Chinesen. Sie hatten kleine, familienbetriebene Waschsalons, haben alles sauber gekriegt und billig waren sie auch.
Ende der 1930er-Jahre verschwanden sie alle ziemlich schnell. So schnell, dass sich niemand so richtig gefragt hat, wohin sie verschwunden sind.

OKTOBER 2

1869

**GEBURT DES INDISCHEN STAATSMANNS
UND POLITIKERS MAHATMA GANDHI**

Ich habe keine Ahnung, wann und wo ich diesen Satz gehört habe, aber irgendwie ist er mir im Gedächtnis geblieben und taucht von Zeit zu Zeit ohne ersichtlichen Grund daraus auf. Der Satz ging so: »Gandhi hat seine Ziege selbst gemolken.« Das war's. Was daran so atemberaubend ist, verstehe ich nicht.

OKTOBER 3

1931

TOD DES IRISCHEN UNTERNEHMERS, TEEMAGNATEN UND GRÜNDERS DER BERÜHMTEN TEEFIRMA THOMAS LIPTON

Unsere Nachbarin Nina Nikolajewna telefonierte mit ihrer Schwester, die um die Ecke wohnte: »Walka, was machst du gerade? Nichts? Dann komm doch rüber zum Teeklatsch.«
Mich hat sie auch manchmal zum »Teeklatsch« eingeladen. Ich mochte dieses Wort immer wahnsinnig gern. Ich mag es noch heute. In ihrem Zimmer stand auf der Anrichte eine Schale mit künstlichen Äpfeln. Die waren sehr schön und sahen aus wie echt.

OKTOBER
4

1957

**DER EINTRITT DES ERSTEN SPUTNIKS
IN DIE ERDATMOSPHÄRE LÄUTET DAS KOSMISCHE
ZEITALTER DER MENSCHHEITSGESCHICHTE EIN**

Wenig später hießen alle möglichen Kinos, Cafés, Hotels und Supermärkte *Sputnik*, *Kosmos* oder *Orbit*.

OKTOBER
5
1918

**PER ERLASS DES NKWD* WIRD
IN DER RSFSR DIE SOWJETISCHE
KRIMINALPOLIZEI GEGRÜNDET**

Als Kind habe ich oft den Ausdruck »steckbriefliche Fahndung« gehört und ihn manchmal sogar selbst benutzt. Aber nicht in der Bedeutung, in der ihn die Erwachsenen verwendeten. Ich glaubte, bei einer steckbrieflichen Fahndung ginge es um eine Art Schatzsuche nach versteckten Briefen.

OKTOBER
6

1948

DAS HEFTIGSTE ERDBEBEN IN DER GESCHICHTE ASCHGABATS, DER HAUPTSTADT DER SOWJETREPUBLIK TURKMENISTAN

Das Wort »Aschgabat« habe ich zum ersten Mal gehört, als die Erwachsenen über das schreckliche Erdbeben sprachen, bei dem auch Mamas Verwandte umgekommen sind. Das habe ich nie vergessen können: »Alle Goldmanns sind bei dem Aschgabater Erdbeben ums Leben gekommen. Buchstäblich alle. Und es ist noch nicht einmal bekannt, wo sie begraben sind. Wahrscheinlich nirgends.«

OKTOBER
7
1993

DER WACHPOSTEN NR. 1 WIRD VOM LENIN-MAUSOLEUM ABGEZOGEN

Smirnow und ich beobachteten lange zwei regungslos dastehende Wachsoldaten und überlegten, was passieren würde, wenn wir sie irgendwie zum Lachen bringen könnten. Wir haben es auch wirklich versucht und lustige Grimassen geschnitten. Aber wir standen zu weit weg und sie haben uns nicht gesehen. Und näher rangehen konnten wir nicht.

OKTOBER

8

1848

GEBURT DES FRANZÖSISCHEN KOMPONISTEN UND SCHÖPFERS DER MUSIK DER *INTERNATIONALE* PIERRE DEGEYTER

Der Text der *Internationale* wurde immer in Abreißkalendern abgedruckt. An welchem genauen Datum weiß ich nicht mehr.

In diesen Kalendern gab es außerdem auch verschiedene Gedichte, Auszüge aus Prosatexten mit Naturbeschreibungen, Portraits »bedeutender Persönlichkeiten« und Schwarz-Weiß-Reproduktionen des Gemäldes *Die Saatkrähen kehren zurück**.

OKTOBER

1547

GEBURT
DES SPANISCHEN SCHRIFTSTELLERS
MIGUEL DE CERVANTES

Bei uns und bei Smirnows standen zwei absolut identische Möbelstücke zur Geschirraufbewahrung. Bloß sagten sie dazu in Smirnows Familie »Büfett« und in meiner »Geschirrschrank«.

In unserem Geschirrschrank lagen außer dem Tee-Service und den Marmeladengläsern, die links aufbewahrt wurden, auch Bücher. Die wurden rechts aufbewahrt.

Einmal haben Smirnow und ich uns die Bücher angeguckt, die im Geschirrschrank lagen. Unter anderem lasen wir *Don Quijote*. Als Smirnow den Namen des Autors las, konnte er gar nicht mehr aufhören zu lachen. »Haha«, schrie er, »neben dem Service liegt ein Cervantes.«

Ich fand das gar nicht so wahnsinnig lustig. Aber uns verband in diesen Jahren die Eigenschaft, jederzeit zum Spaßen aufgelegt zu sein. Und so wieherten wir eine halbe Stunde lang vor Lachen.

Und noch lange danach sagte Smirnow: »Schau doch mal nach, ob in deinem Cervantes nicht auch noch was Marmeladiges zu finden ist.«

OKTOBER
10
1985

**TOD DES AMERIKANISCHEN
FILM- UND THEATERSCHAUSPIELERS
YUL BRYNNER**

Meine Generation kann sich glücklich schätzen: Der Film *Die Glorreichen Sieben* kam Anfang der 1960er-Jahre in die Kinos, also zu der Zeit, als wir, damals Teenager, genau die richtige Auffassungsbereitschaft für einen solchen Film hatten.
Noch heute verbinde ich mit dem Film Begeisterung und Dankbarkeit. Und damals erst ...
Damals haben wir natürlich gespielt, wir wären diese wunderbaren, mutigen Helden, und wir schlugen uns um die Rolle der Beliebtesten.
Yul Brynner spielte Chris. Der war natürlich der Allergrößte.

OKTOBER 11

1931

IN DER UDSSR WIRD DIE VOLLSTÄNDIGE ABSCHAFFUNG DES PRIVATEIGENTUMS BESCHLOSSEN

Als Kind und auch später noch habe ich ständig gehört: »Das hier ist eine staatliche Einrichtung und nicht irgendein Saftladen.«
Die Erkenntnis, dass jeder beliebige Saftladen einer staatlichen Einrichtung vorzuziehen ist, kam mir erst sehr viel später und nur stückweise.

OKTOBER
12

1810

IN MÜNCHEN FINDET DAS ERSTE BIERFEST (HEUTE *OKTOBERFEST*) STATT

Unter meinen Freunden und Bekannten aus Jugendzeiten gab es einige, für die gemeinsames Biertrinken weniger ein Vergnügen als ein sportlicher Wettkampf war.
Am Tag nach einem solchen rituellen Kneipenbesuch brüsteten sie sich mit der Anzahl getrunkener Gläser. Diese Zahlen hatten etwas von Rabelais an sich.
Irgendjemand erfand dazu noch ein rabiates Spiel, dass sie ziemlich lange spielten. Die Spielregeln besagten, dass derjenige, der als Erster vom Tisch aufsteht, für alle zahlen musste. Ich habe da nicht mitgemacht.

OKTOBER
13

1908

**DAS MOSKAUER KÜNSTLERTHEATER ERÖFFNET
DIE ZEHNTE SPIELZEIT DER VON STANISLAWSKI
INSZENIERTEN WELTPREMIERE DES STÜCKS
DER BLAUE VOGEL VON MAURICE MAETERLINCK**

Noch heute erinnere ich mich an das unheilvolle und bedrohliche Licht, in dem die Bühne erstrahlte, obwohl das alles schon Gott weiß wie viele Jahre her ist. Das unheimliche Licht, die unheimliche Musik, die leisen, unheimlichen Stimmen, die unheimlichen quälenden Träume, die mich noch lange danach verfolgten.

OKTOBER
14

1890

**GEBURT DES 34. US-PRÄSIDENTEN,
AMERIKANISCHEN STAATSMANNS UND MILITÄRS
DWIGHT EISENHOWER (1953-1960)**

Das war der erste Präsident, von dem ich gehört habe. In Karikaturen wurde er immer mit einem Golfschläger in der Hand dargestellt. Er schien Golf zu mögen. Was Golf war und wie man es spielte, konnten wir uns damals nicht vorstellen. Dann sah ich sein großes Porträt (bereits ohne Schläger) auf der Amerikanischen Ausstellung in Sokolniki 1959. Unter dem Porträt war sein Gruß an das sowjetische Volk in zwei Sprachen abgedruckt. Etwas über Frieden und Zusammenarbeit.

OKTOBER
15
1940

WELTPREMIERE VON CHAPLINS *DER DIKTATOR*, EINER POLITSATIRE ÜBER HITLER, IN NEW YORK

Mitte der 1950er-Jahre nahm mich mein Bruder mit ins Kino. Das Kino war in Mytischtschi und wurde von allen »Der Sarg« genannt. Warum »Sarg« weiß ich nicht mehr. Aber alle haben das gesagt.
Wir sahen uns den Film *The Kid* mit Charlie Chaplin an. Das war sehr lustig.
Auf dem Rückweg sind wir in der Apotheke vorbeigegangen, wo das Mineralwasser *Bordschomi* ausgeschenkt wurde. Mein Bruder kaufte sich selbst und mir jeweils ein Glas. Ich mochte damals kein *Bordschomi*. Ich mochte lieber Wasser mit Sirup.

OKTOBER
16
1946

HINRICHTUNG DER IN DEN *NÜRNBERGER PROZESSEN* VERURTEILTEN NS-KRIEGSVERBRECHER

Ein alter Bekannter von mir arbeitete mal bei einer Zeitung, die oft Leserbriefe mit Gedichten und Erzählungen bekam. Das hieß »Selbstläufer«. Aus diesen »Selbstläufern« schrieb er manchmal etwas besonders Lustiges ab oder merkte es sich, um es dann später Freunden und Bekannten zu erzählen.
Er hatte sich zum Beispiel ein Gedicht gemerkt, dass den *Nürnberger Prozessen* gewidmet war. Darin kamen auch diese Verse vor:

> Es kam der Tag, und vor dem Gericht der Völker
> Erhoben sich die Glieder der Kriegstreiber.

OKTOBER
17
1961

ERÖFFNUNG DES STAATLICHEN KREMLPALASTS

Bei seiner Eröffnung hielt man ihn für ein Wunder der Architektur. Scherzhaft nannte man ihn den »Revoluzzer unter Adligen«.
Und auch vom Buffet erzählte man sich wahre Wunder — Blini mit Kaviar und so weiter ...

OKTOBER
18
1967

DER SATELLIT *VENUS-4* EMPFÄNGT ERSTE WISSENSCHAFTLICHE DATEN VON DER OBERFLÄCHE DER VENUS

Unser Physik- und Astronomielehrer, Nikolai Kusmitsch, sprach manche Worte ziemlich komisch aus. Er sagte zum Beispiel »Vänus«, was wir unglaublich lustig fanden.
Er kämmte sich die gefärbten Haare über die Glatze und gab sich überhaupt unangemessen jung. Wir zogen ihn auf alle mögliche Art und Weise durch den Kakao, allerdings nur vorsichtig, weil bekannt war, dass er im Krieg einen Schaden davongetragen hatte und einem im Zorn mir nichts dir nichts ein schweres Tintenfass aus Glas an den Kopf werfen oder ein physikalisches Instrument um die Ohren hauen konnte.
Es gab einen kleinen Reim auf seinen Namen, der von Generation zu Generation weitergegeben wurde und den wir häufig, aber immer nur im Flüsterton, aufsagten: »Dem Kusmitsch Nikolai, dem steckt im Arsch ein Ei.«

OKTOBER 19

1956

UNTERZEICHNUNG DER GEMEINSAMEN SOWJETISCH-JAPANISCHEN ERKLÄRUNG ÜBER DIE BEENDIGUNG DES KRIEGSZUSTANDS UND DIE WIEDERAUFNAHME DIPLOMATISCHER BEZIEHUNGEN

Es konnte passieren, dass jemand an dich herantrat und scharf fragte: »Bist Du für den Sohn oder für den Hahn?« Man musste dann schnell antworten. Die richtige Antwort war: »Für den Sohn«. Denn »für den Sohn« bedeutete »für die Sowjetunion«. »Für den Hahn« aber war schlecht. Denn »für den Hahn« hieß »für das Streit-Japan«.

OKTOBER
20

1990

**ERSTE VORSTELLUNG
IM MOSKAUER ZIRKUS
AUF DEM ZWETNOI BOULEVARD**

Einmal ging ich mit meinem Vater in den Zirkus. Er sagte: »Gleich kommt eine Überraschung!« Aber er sagte nicht, was für eine. Eine Überraschung, na gut, also eine Überraschung. Ich wartete so angespannt auf die Überraschung, dass ich mich kaum auf die Vorstellung konzentrieren konnte. Sogar an die Clowns kann ich mich kaum erinnern.
Nach der Vorstellung kam dann die Überraschung. Es stellte sich heraus, dass im Zirkus ein Verwandter eines Kollegen meines Vaters arbeitete — ich weiß schon nicht mehr, als was. Dieser Verwandte hatte uns auch die Karten besorgt. Und er führte uns nach der Vorstellung hinter die Kulissen, wo ich Tiere in Käfigen und Akrobaten in Alltagskleidung sah. Am nachdrücklichsten ist mir aber der ziemlich strenge Geruch der wilden Tiere in Erinnerung geblieben. Außerdem brachte mich das Stroh, das überall herumlag, zum Niesen, sodass wir bald gingen.

OKTOBER
21
1422

TODESTAG KARLS VI. DES WAHNSINNIGEN AUS DER DYNASTIE DER VALOIS, 1380–1422 KÖNIG VON FRANKREICH

Die erste Pioniergruppenleiterin einer Schule, an die ich mich erinnere, war Lena Sawetnaja.
Als Lena ging, nahm Olja Rasumnaja ihren Platz ein.
Danach kam ein junger Mann, der Semjon Tschushoi hieß.
Was dann kam, weiß ich nicht, weil ich da schon mit der Schule fertig war.

OKTOBER
22

1929

GEBURTSTAG DES SOWJETISCHEN FUSSBALLERS, TORHÜTERS, TRAINERS UND OLYMPIASIEGERS LEW JASCHIN

In meiner Kindheit war er so populär, dass seinen Namen sogar die kannten, die sich nicht für Fußball interessierten. Wenn ich jemanden kennenlernte und meinen Namen sagte, bekam ich fast immer zu hören: »Lew! Wie Jaschin!«
An Tolstoi dachte natürlich niemand.

OKTOBER
23

1920

GEBURT DES ITALIENISCHEN KINDERBUCHSCHRIFTSTELLERS UND AUTORS VON *ZWIEBELCHEN*, GIANNI RODARI

Buratino und *Zwiebelchen* waren zwei oft wiederholte Radiohörspiele, ich kannte sie so gut wie auswendig.*
In *Buratino* gab es das Lied »War ein Stück aus Holz und ward zu einem Knaben, heute bin ich stolz, so ein Buch zu haben« — irgendwie so ähnlich.
In *Zwiebelchen* gab es das Lied »Ich bin der freche Cipolline, komm aus dem Land der Apfelsine«.
Ich habe die so oft gehört, dass einzelne Stellen aus den beiden Liedern sich in meiner Wahrnehmung vermischten.
Zum Beispiel, wenn Papa Carlo dem Buratino eine Zwiebel bringt und der die gleich verschlingt, dachte ich, dass Buratino das Zwiebelchen verschlingt.

OKTOBER 24

1939

ERSTMALIGER VERKAUF
VON NYLONSTRÜMPFEN UND MASSENANSTURM
VON KÄUFERINNEN

In meiner Kindheit hießen sie »Capron«. Alle Mädchen träumten von ihnen. Aber sie durften sie nicht tragen, weil es »noch zu früh« war.

Capronstrümpfe hatten hinten eine Naht, und alle Fräulein und schicken Damen schauten die ganze Zeit nach hinten, um zu kontrollieren, ob die Naht nicht schief saß. Sie musste gerade sein.

Für kurze Zeit kamen auch Capronstrümpfe mit schwarzer Ferse in Mode.

Wofür das gut sein sollte, konnte ich schon damals nicht verstehen und verstehe es bis heute nicht. Die »Ferse« war ja im Schuh, wo eigentlich kein Mensch sie sehen konnte.

OKTOBER
25

1762

KATHARINA DIE GROSSE BEFIEHLT DIE BESIEDLUNG SCHWACHBEVÖLKERTER GEGENDEN RUSSLANDS MIT AUSLÄNDERN

1989 fuhr ich zum ersten Mal nach Deutschland. Es gab damals noch zwei davon.
Ich fuhr mit dem Zug. In meinem Abteil saß außer mir noch ein älteres Paar. Wir unterhielten uns und es stellte sich heraus, dass sie Deutsche waren. Sie kamen aus Komi, wohin es sie nach der Umsiedlung von der Wolga verschlagen hatte. Sie verließen Komi für immer. Deshalb war das Abteil bis oben hin mit Zeugs vollgestopft.
Sie wollten gar nicht weg. Sie sagten: »Wir hatten uns dort eingewöhnt. Um unsern Hof war es gut bestellt: eine Kuh, ein Ferkel. Die Nachbarn hatten Respekt.« Aber ihr Sohn, der schon drei Jahre vorher nach Deutschland ausgewandert war und sich eingelebt hatte, holte sie von dort zu sich.
Die ganze Fahrt über bewirteten sie mich mit gekochtem Rindfleisch, weil sie die Kuh verkauft, deren Kalb aber vor ihrer Abreise geschlachtet hatten.
Die Alte weinte manchmal, wenn sie aus dem Fenster schaute, und manchmal las sie in einem altertümlichen deutschen Gebetbuch.

OKTOBER
25

1762

Nach der Grenzkontrolle in Brest, wo man ihr ein silbernes Kreuz, das sie von ihrer Urgroßmutter bekommen hatte, wegnahm (es hieß, dass man antiquarische Gegenstände nicht ausführen dürfe), hörte sie auf zu weinen.

OKTOBER
26
1927

EIN PARISER GERICHT SPRICHT DEN JÜDISCHEN ANARCHISTEN SCHWARTZBARD FREI, DER PETLJURA* ERSCHOSSEN HATTE

Die Urgroßmutter eines Bekannten von mir wohnte während des Bürgerkriegs in einem ukrainischen Städtchen. Sie war damals schon alt. Aber liebte es zu scherzen.
Sie sagte: »Das hat mir gerade noch gefehlt, dass die Petrullis in mein Haus kommen und mich vergewaltigen.«
Bis zu ihrem Städtchen sind die »Petrullis« nie gekommen. Aber die anderen waren auch nicht viel besser.

OKTOBER 27

1873

**ANMELDUNG DES PATENTS
AUF STACHELDRAHT**

Ein beliebter Scherz war es, sich an irgendeine komische (sagen wir, eine dicke) Tante heranzuschleichen und ihr ein paar Kletten an den Mantel zu heften. Oder jemanden ganz unerwartet und kräftig in einen Stachelbeerstrauch zu schubsen. Oder jemandem Weißdorn in die Schuhe zu legen. Es gab schon allerlei Lustiges in unserem Leben.

OKTOBER
28

1636

**GRÜNDUNG DER HARVARD UNIVERSITY,
EINER DER FÜHRENDEN UNIVERSITÄTEN DER USA**

Ich bin dort einmal aufgetreten. Am Institut für Slawistik. Die Lesung fand in einem kleinen Saal statt, in dessen Mitte ein ovaler Tisch von riesigem Ausmaß stand. Alle saßen an diesem Tisch, auch ich.
Nach der Lesung fragte mich meine Bekannte, die die Veranstaltung organisiert hatte, ob ich zufrieden sei.
»Sehr zufrieden«, sagte ich, »sie haben aufmerksam zugehört und keine dummen Fragen gestellt. Es saßen aber recht wenig Leute am Tisch.« — »Überhaupt nicht wenige!«, entgegnete sie fast wütend, »ich habe gezählt, es waren 18.« — »Ah, und das ist viel?« — »Na ja, wenn man bedenkt, dass bei der Lesung Nabokovs, im selben Saal, sechs Personen waren…«
Anschließend habe ich lang überlegt, ob ich deshalb stolz sein soll. Habe mich dann aber dagegen entschieden.

OKTOBER
29

1611

DIE POLEN VERANSTALTEN IN WARSCHAU EIN FEST AUS ANLASS DES »ENDGÜLTIGEN« SIEGS ÜBER DIE MOSKOWITER

Am Tag vor meinem 15. Geburtstag ging mein Vater mit mir in ein Kaufhaus, um mir einen Mantel für die Übergangszeit zu kaufen. Das sollte mein Geburtstagsgeschenk sein. Wir probierten einige Mäntel an, aber einige davon gefielen mir nicht, ganz andere wiederum meinem Vater nicht.
Da sagte plötzlich der Verkäufer, ein betagter Jude, mit leiser Stimme zu meinem Vater: »Nur für Sie. Es gibt auch eine polnische Variante.« Und er ging ins Lager. Einige Minuten später kam er von dort mit der »polnischen Variante« zurück — einem rötlichen Fellhaarmantel. Den haben wir dann gekauft. Ich habe ihn drei Jahre getragen, bis das letzte Fellhaar ausgefallen war.

OKTOBER 30

1888

ERSTES PATENT AUF DEN KUGELSCHREIBER

Die gängigsten Kugelschreiber der 1970er-Jahre kosteten 35 Kopeken. Minen für sie wurden gesondert verkauft. Sie kosteten 5 Kopeken. Die etwas teureren Kugelschreiber wurden in speziellen Läden, wie denen für »Metallreparatur«, mit Tintenpaste nachgefüllt.
Die Nachfüller von Kugelschreibermineon galten nicht nur als wohlhabende Menschen, sie waren es wohl auch tatsächlich. So wie die Kwas-Verkäuferinnen.
Die Mutter meiner Klassenkameradin Schura war eine solche Kwas-Verkäuferin. Einmal war ich bei ihnen zu Hause. Es gab dort lauter Dinge aus Kristall.

OKTOBER
31

1961

IN DER NACHT VOM 31. OKTOBER AUF DEN 1. NOVEMBER WIRD STALIN AUS DEM MAUSOLEUM ENTFERNT

Das geschah während des 22. Parteitags. Und wirklich nachts. Dabei versicherte die Nachbarin Jelena Illarionowna meiner Mama, dass man das im Fernsehen gezeigt habe und dass sie es selbst gesehen habe.

»Ja, ja!«, beteuerte Jelena Illarionowna, »ich konnte nicht einschlafen und habe wer weiß warum den Fernseher eingeschaltet. Und stellen Sie sich nur vor: Da zeigen sie, wie man Stalin in einem Grab neben der Kremlmauer beerdigt. Ob Sie's glauben oder nicht.«

NOVEMBER

NOVEMBER

1

1941

**ERÖFFNUNG DER NIAGARAFALLBRÜCKE
ZWISCHEN DEN USA UND KANADA
(»REGENBOGENBRÜCKE«)**

In meiner Briefmarkensammlung befand sich unter vielen anderen eine bestimmte Marke. Eine Briefmarke aus Kanada. Eine sehr große und schöne, der Stolz der Sammlung. Auf ihr waren die Niagarafälle abgebildet. Ich erinnere mich genau an diese Marke, an all ihre Details.
Eines Tages beschloss ich, eine Geschichte über diese Briefmarke zu schreiben. Worum es in dieser Geschichte gehen sollte, war mir nicht so wichtig. Na ja, dachte ich, eben um einige ihrer Abenteuer: darum, wer sie auf den Umschlag geklebt hat, wohin dieser Umschlag geschickt wurde, wie der Umschlag irgendwo verloren ging und im Nirgendwo landete, wie irgendjemand die Briefmarke vom Umschlag abriss und verkaufte, nehmen wir mal an, an den Häuptling irgendeines afrikanischen Stammes (was nützt sie ihm?) ... Dann ging das Sujet in den nebligen Winkeln meiner trägen Fantasie verloren.
Aber das alles war nicht die Hauptsache. Die Hauptsache war, zu diesem Zweck ein neues Schreibheft zu kaufen. Nachdem ich mir von Mama 30 Kopeken geliehen hatte, kaufte ich im Schreibwarengeschäft ein neues, dickes, liniertes Schreib-

NOVEMBER
1
1941

heft, trug es nach Hause, setzte mich an den Tisch, schlug das Heft auf der ersten Seite auf und sann etwa eine halbe Stunde lang über eine Überschrift nach.
Eine Überschrift, die ich wirklich fesselnd fand, entstand dann schließlich auch. Die Erzählung trug nun den vielversprechenden Titel *Briefmarke mit Wasserfall*. Mir gefiel dieser Titel so gut, dass das Werk damit auch schon vollendet war. Und dann ging auch das Schreibheft irgendwie verloren.

NOVEMBER 2

2007

TOD DES SOWJETISCHEN UND RUSSISCHEN CHOREOGRAFEN, BALLETTMEISTERS, PÄDAGOGEN UND VOLKSKÜNSTLERS DER UDSSR IGOR MOISSEJEW

Während meiner gesamten Kindheit und auch später noch trat Moissejews Ensemble bei allen großen feierlichen Konzerten auf. In meiner Kindheit fand ich diese Auftritte sehr langweilig, weil ich auf die Komiker wartete. An diesen Tänzen aber war gar nichts lustig, auch wenn die Erwachsenen von all dem sehr begeistert waren.

NOVEMBER 3

1957

**IN DER UDSSR STARTETE
DAS RAUMFAHRZEUG *SPUTNIK 2*
MIT DEM HUND LAIKA AN BORD**

Ich erinnere mich, wie in der Gemeinschaftsküche die Frau mit dem seltsamen Namen Ganja sich mal wieder mit dem Radio unterhielt, das an der Wand hing und über den Hund Laika erzählte. Sie schimpfte lauthals: »Hier haben die Leute nichts zu fressen und die schicken einen Hund ins All!«
Ich sorgte mich derweil um etwas ganz anderes. Man hatte mir gesagt, dass Laika nicht zur Erde zurückkehren würde — und ich brach in Tränen aus.

NOVEMBER 4

1879

**DER ERSTE KASSENAPPARAT
WIRD PATENTIERT**

In den Jahren meiner Kindheit standen in allen Geschäften, selbst in den allerschäbigsten, *National*-Apparate von unvorstellbarer Schönheit. Mit einer Kurbel und vernickelten Tasten. Noch aus vorrevolutionärer Zeit. Wie sie in solcher Anzahl und solch eine lange Zeit betriebsbereit gehalten werden konnten, bleibt mir bis heute ein großes Rätsel.

NOVEMBER 5

1929

ERÖFFNUNG DES ERSTEN PLANETARIUMS DER SOWJETUNION IN MOSKAU

Seltsam, aber ich bin dort noch nie gewesen. Obwohl ich es oft vorhatte.
In den Winterferien der siebten Klasse wollten Smirnow und ich ins Planetarium. Unsere Eltern gaben uns jeweils einen Rubel, damit wir nicht nur das Planetarium besuchen, sondern auch ein Eis essen konnten.
Vor dem Besuch des Planetariums unternahmen wir noch einen kleinen Abstecher ins Kinderkaufhaus *Detski Mir*, wo zwielichtige Gestalten unter der Hand Briefmarken verkauften. Wir wollten wenigstens eine Marke für jeden von uns beiden kaufen und danach ins Planetarium gehen. Na ja, natürlich gaben wir für die Marken unser ganzes Geld aus, mussten sogar schwarz nach Hause fahren und schwindelten dann unseren Eltern vor, wie großartig es im Planetarium gewesen sei.

NOVEMBER

6

1492

CHRISTOPH KOLUMBUS LERNT EINEN SELTSAMEN BRAUCH DER INDIANER KENNEN — DAS TABAKRAUCHEN

Das erste Mal zu rauchen probiert habe ich in der achten Klasse. Weil all meine Klassenkameraden schon längst rauchten. Ich erinnere mich noch ganz genau, dass es *Schipka*-Zigaretten* waren.
Nach den ersten Zügen drehte sich mir der Kopf. Nach ein paar weiteren Zügen musste ich mich übergeben. Auch bei den nächsten Versuchen wurde mir schlecht. Aus irgendeinem Grund war ich aber der Meinung, ich müsse mich zwingen. Und ich zwang mich.
Zum Ende der Schulzeit hatten fast all meine Kameraden aufgehört zu rauchen. Ich aber wurde ein leidenschaftlicher Raucher.

NOVEMBER 7

1902

ERÖFFNUNG DER ERSTEN AUSNÜCHTERUNGSZELLE RUSSLANDS IN TULA

Ein Bekannter von mir, ein Armenier aus Jerewan, hat einmal damit angegeben, dass es in Armenien keine Ausnüchterungszellen gebe.
Und das nicht etwa deshalb, weil man da wenig trinkt. Man trinkt da überhaupt nicht wenig. Aber mein Bekannter versicherte mir, es sei dort nicht üblich, einen betrunkenen Menschen allein auf die Straße zu lassen. Entweder lässt man ihn bei sich übernachten oder begleitet ihn nach Hause. Ich weiß nicht, ob das stimmt.

NOVEMBER

1895

DER PHYSIKER
WILHELM RÖNTGEN
ENTDECKT DIE RÖNTGENSTRAHLUNG

Das erste Mal wurde ich geröntgt, als ich viereinhalb Jahre alt war und Mama plötzlich bemerkte, dass eins meiner Beine deutlich dicker war als das andere. Sie erschrak furchtbar, weil sie sicher war, dass mein Bein »austrocknet«. Sie schleppte mich von Arzt zu Arzt. Ich habe das Röntgen nur behalten, weil es dort dunkel und geheimnisvoll war. Sie haben bei mir nichts Schlimmes gefunden und im Gutachten einen »Schönheitsfehler« vermerkt. Mit diesem Defekt lebe ich bis zum heutigen Tag.

Mein nächstes Röntgen, ein oder zwei Jahre nach dem ersten Mal, war damit verbunden, dass ich versehentlich ein Zwei-Kopeken-Stück verschluckt hatte. Also schleppte Mama mich zum Röntgen. Beim Röntgen konnte nichts festgestellt werden. Wo ist die Münze nur geblieben?

NOVEMBER

1961

BRIAN EPSTEIN BESUCHT DEN NACHTCLUB *CAVERN CLUB*, WO ER *THE BEATLES* HÖRT

Ich hörte die *Beatles* zum ersten Mal zwei Jahre später zu Hause bei meinem Klassenkameraden Wasja Wassiljew, der einen Kassettenrekorder hatte. Die *Beatles*-Kassette hatte seine große Schwester mitgebracht, die damals studierte.

Vorher hatten wir in der Zeitschrift *Krokodil* von den *Beatles* gelesen. Da wurde beschrieben, wie zur wilden Kakofonie von vier langhaarigen Missgeburten ein Haufen ebensolcher Missgeburten ausflippt.

Wir hörten die schöne, melodische Musik und begriffen nicht: Warum Kakofonie?

NOVEMBER
10

1885

IN DEUTSCHLAND FINDET DAS ERSTE MOTORRADRENNEN DER WELT STATT

Ich erinnere mich, wie die Frau mit dem seltsamen Namen Ganja mit dem Schrei »Feuer« in unser Zimmer stürzte. Wir rannten alle in ihr Zimmer, aus dem man das Feuer sehen konnte. Das Feuer war im Hof. Schuppen und Garagen brannten.
Da sah ich, wie Tolik aus dem Haus nebenan in seine rauchende Garage rannte und ein Motorrad mit Beiwagen herausschob. Daran, dass das Motorrad Benzin getankt hatte, hatte er in der Eile nicht gedacht. Aber alles ging gut aus.

NOVEMBER
11

1837

ERÖFFNUNG
DER ERSTEN RUSSISCHEN EISENBAHNLINIE
PETERSBURG – ZARSKOJE SELO*

Anlässlich dieses Ereignisses schrieb Glinka das Lied *Es jubelt und frohlockt das ganze Volk*. Lange konnte ich da etwas nicht begreifen — »Es saust der Dampfer übers freie Feld«. Was war das nur für ein Unsinn?
Später habe ich erfahren, dass man damals Dampfloks als Dampfer bezeichnete und dass es Dampfschiffe noch gar nicht gab.

NOVEMBER
12

1841

ZAR NIKOLAI I. ERLÄSST DIE VERORDNUNG *ÜBER DIE AUSARBEITUNG EINES GENERALPROJEKTS ZUR GRÜNDUNG VON SPARKASSEN IN RUSSLAND*

Reklame gab es während meiner Kindheit und Jugend kaum. Beworben wurden nur Aeroflot (»Fliegt mit den Fliegern von Aeroflot«), die staatliche Versicherung Gosstrach und aus irgendeinem Grunde auch Tomatensaft. Und die Sparkasse. Die Werbeanzeigen waren unterschiedlich. Einige waren in Versform. Zum Beispiel: »In der Sparkasse verwahrt ihr euer Geld — bringt es, nehmt es, wie es euch gefällt.« Oder: »Eifrig am Sparen, eifrig am Sparen? Dann kannst du bald dein Auto fahren.« Aber es gab auch strenge und asketische Prosa: »Verwahren Sie Ihr Geld in der Sparkasse!«
Und dann gab es Witzbolde, die sangen: »Mischka ist so klug, wo hat er nur sein Buch, voll mit Rubeln und Tscherwonzen?«
Das Sparbuch nannte man gewöhnlich einfach »das Büchlein«. »Vom Büchlein nehmen«, »aufs Büchlein legen«.

NOVEMBER 13

1779

**TOD DES ENGLISCHEN
MEISTERS DER MÖBELKUNST
THOMAS CHIPPENDALE**

Ich erinnere mich, wie sich im Zimmer der Frau mit dem seltsamen Namen Ganja plötzlich ein Mann einquartierte. Er hieß Iwan Petrowitsch und hatte nur ein Bein. Ganja sagte, es sei ihr Cousin aus Weißrussland. Doch die Nachbarinnen glaubten nicht wirklich daran und warfen sich vielsagende Blicke zu.
Er war Tischler. Und er zimmerte Ganja ein Küchenregal mit einer Querstange, an der sich Töpfe aufhängen ließen. Und einen Hocker.
Beide Sachen gefielen den Nachbarinnen, inklusive meiner Mutter, so gut, dass sie alle das Gleiche bei Iwan Petrowitsch bestellten. Zumal er dafür nicht viel verlangte und schnell arbeitete.
Nach kurzer Zeit besaßen alle komplett identische Regale und Hocker, die sogar im selben Farbton, einem nicht eindeutig zu definierenden Rosa, gestrichen waren. Danach musste ständig untereinander geklärt werden, wem welcher Hocker gehöre.
Später verschwand Iwan Petrowitsch. Vielleicht war er weggefahren, vielleicht war aber auch etwas anderes passiert.

NOVEMBER 14

1889

GEBURT DES INDISCHEN STAATSMANNS UND POLITIKERS SOWIE DES ERSTEN PREMIERMINISTERS INDIENS JAWAHARLAL NERHU

Manchmal gab Mama vor den Nachbarinnen mit mir an. Denn ich konnte nicht nur Tschukowskis Kindergedicht *Waschdichweg* und das Kriegslied *Die Zugvögel ziehen* auswendig, sondern konnte auch ohne zu stocken das Wort »Jawaharlal« aussprechen.

NOVEMBER
15
1933

**BEGINN DES PLANMÄSSIGEN
TROLLEYBUSVERKEHRS IN MOSKAU**

Im Moskauer Zentrum verkehrte der Trolleybus 5. Vielleicht auch der 6er — ich weiß es heute nicht mehr genau. Durchaus möglich, dass es sowohl der eine wie der andere war. Oder der eine war ein Bus und der andere ein Trolleybus. Aber darum geht es nicht.
Der Trolleybus, von dem ich erzähle, fuhr durch die Herzenstraße, die heute die Große Nikitskaja ist.
In einem dieser Trolleybusse (5 oder 6) gab es einen sehr exzentrischen Fahrer, der die Haltestellen ungefähr so ankündigte: »Nächste (Pause) Haltestelle (Pause) ›Das zweifach mit dem Lenin-Orden ausgezeichnete (Pause) Moskauer Staatliche (Pause) Konservatorium (Pause) namens (Pause) Pjotr Iljitsch Tschaikowski‹.« In dem Moment, in dem er den den Satz beendete, hielt der Trolleybus (5 oder 6) an der Haltestelle.

NOVEMBER 16

1848

LETZTES KONZERT FRIEDRICH CHOPINS IN LONDON

Vier nicht mehr ganz junge, eher dünne, aber sehnige Möbelpacker schleppten auf dicken Riemen, wie die Wolgaschlepper*, einen riesigen Flügel in die oberste Etage eines vierstöckigen Wohnhauses aus der Chruschtschow-Zeit.
Auf jeder Etage machten sie halt und verschnauften. Und jedes Mal sagte einer von ihnen, wenn er sich den Schweiß abwischte, denselben Satz: »Uff, schwer bist Du, Chopinmusik!«

NOVEMBER 17

1717

BESSER-ORFFYREUS PRÄSENTIERT DAS VON IHM ERFUNDENE PERPETUUM MOBILE

»Perpetuum mobile« nannte mich unsere Physiklehrerin Elwira Wassiljewna, weil ich in der Stunde immer herumzappelte.
Aus demselben Grund nannte mich unsere Erdkundelehrerin Irina Abramowna immer »Wasserkreislauf«.

NOVEMBER 18

1870

ERSTE OFFIZIELLE BRIEFTAUBENVERBINDUNG ZWISCHEN TOURS UND PARIS

In unserer Bezirkskinderpoliklinik, wo Mama und ich für meine Blutuntersuchung hingegangen waren, übergab ich mich vor lauter Aufregung auf Mamas Rock. Während sie auf der Toilette ihren Rock säuberte, schaute ich mir an den Korridorwänden Plakate darüber an, dass man Hände, Obst und Gemüse vor dem Essen waschen soll.
Als wir die Poliklinik endlich verließen, kackte ihr eine Taube auf den hellen Staubmantel. Während sie in der Handtasche nach einem Taschentuch suchte, um die Taubenkacke abzuwischen, fielen aus der Tasche wichtige Papiere mitten in den Straßenschmutz.
Da hörte ich Mama zum ersten und letzten Mal fluchen. Das hat mich so erschüttert, dass ich so tat, als hätte ich es nicht gehört.

NOVEMBER 19
1987

TOD DES KOREANISCHEN UNTERNEHMERS UND *SAMSUNG*-GRÜNDERS LEE BYUNG-CHULL

Als ich Ende der 1980er-Jahre auf einem Hausdach im Moskauer Zentrum anstelle des üblichen »Lenins Sache lebt und siegt« eine Samsung-Reklame sah, da verstand ich, dass sich wirklich etwas veränderte.

NOVEMBER 20

1925

**GEBURT DER SOWJETISCHEN UND RUSSISCHEN
BALLERINA, CHOREOGRAFIN, PÄDAGOGIN
UND VOLKSKÜNSTLERIN DER UDSSR
MAJA PLISSETZKAJA**

Meine Mitschülerin Shenja Goloschapowa machte Ballett. Einmal trat sie auch zusammen mit anderen jungen Ballerinen im Fernsehen auf. Das machte sie für einige Zeit zur Schulberühmtheit. Trotzdem aber nannten sie alle — wie auch zuvor schon —, wenn sie es nicht hörte, Goloshopowa*.

NOVEMBER 21

1844

**TOD DES RUSSISCHEN FABELDICHTERS
IWAN KRYLOW**

In den Theaterbufetts wurden früher kleine quadratische Schokolädchen verkauft, die *Krylows Fabeln* hießen. Darauf waren *Das Quartett, Der Affe mit der Brille, Der Elefant auf der Straße* und noch andere abgebildet.

Kaum hatte man sie gekauft, da begann schon der nächste Akt. Und alle im Publikum begannen laut und unrhythmisch mit Schokopapier zu rascheln.

NOVEMBER 22

1893

GEBURT DES SOWJETISCHEN STAATSMANNES LASAR KAGANOWITSCH

Ich habe noch die Zeit erlebt, als die Moskauer Metro nach Kaganowitsch benannt war. Damals, als man nur zur Besichtigung, wie ins Museum, zu den neu errichteten Stationen der Ringlinie fuhr. Die Rolltreppe nannte ich »Wundertreppe«.

NOVEMBER
23
1917

ABSCHAFFUNG DER STÄNDE UND STAATSRÄNGE DES VORREVOLUTIONÄREN RUSSLANDS PER DEKRET DES RATS DER VOLKSKOMMISSARE

Dass unsere Nachbarin Jelena Illarionowna von adeliger Abstammung war, haben im Hause alle erst Ende der 1950er-Jahre erfahren. Einige glaubten das allerdings nicht.

NOVEMBER 24

1817

**DUELL ZWISCHEN DEM GRAFEN A. SAWADOWSKI
UND DEM OFFIZIER W. SCHEREMETEW
IN SANKT PETERSBURG**

Nachdem wir diverse Geschichten über Puschkin und Lermontow gelesen hatten, begannen wir im Hof Duelle auszutragen.
Im Winter mit Schneebällen. Im Sommer mit Hölzern oder Hundekacke an Stöcken. Manchmal bewarfen wir uns auch mit durchgebrannten Glühbirnen, obwohl das gefährlich war.

NOVEMBER
25

1918

**ROSIKA SCHWIMMER WIRD
DIE ERSTE WEIBLICHE BOTSCHAFTERIN
IN DER GESCHICHTE DER DIPLOMATIE**

Unsere Nachbarn, die Fomins, hatten eine Haushälterin.
Bevor sie bei ihnen als Haushälterin anfing, arbeitete sie als
Lastträgerin in einer Annahmestelle für Glasflaschen.
Sie war riesengroß, hatte Arme und Beine wie ein Mann und
sprach mit tiefer Bassstimme.
Sie hieß Arina Rodionowna*, was schwer zu glauben war.

NOVEMBER 26

1924

AUSRUFUNG DER MONGOLISCHEN VOLKSREPUBLIK

Das »Tatarenjoch«* aus den Geschichtslehrbüchern ließ sich im Kopf nur schwer in Einklang bringen mit meinem tatarischen Freund Rinat aus dem Nachbarhaus, und ebenso wenig damit, dass die Mongolei normalerweise als »Bruderstaat« bezeichnet wurde.

NOVEMBER
27

1888

IN MOSKAU WIRD EIN ARCHITEKTURWETTBEWERB FÜR EIN KAUFHAUS AUF DEM ROTEN PLATZ AUSGELOBT (DAS HEUTIGE *GUM*)

Eine Zeit lang wurde im *GUM* Champagner ausgeschenkt. Aber das berühmte Eis für 20 Kopeken gab es noch lange danach zu kaufen.

NOVEMBER 28

1820

GEBURT DES DEUTSCHEN PHILOSOPHEN UND MITBEGRÜNDERS DES MARXISMUS FRIEDRICH ENGELS

Einmal habe ich meine Mutter gefragt: »Warum gibt es eigentlich den Marxismus, aber keinen Engelsismus?« Sie schaffte es jedes Mal auf meine idiotischen Fragen eine Antwort zu finden, die mich zufriedenstellte. Auch dieses Mal hat sie irgendwas geantwortet. Aber was genau, daran erinnere mich nicht mehr. Wie schade.

NOVEMBER
29
1941

HINRICHTUNG DER PARTISANIN SOJA KOSMODEMJANSKAJA* IM DORF PETRISCHTSCHEWO DURCH DIE FASCHISTEN

Ich kannte einst eine reizende alte Dame, die während des Krieges in Petrischtschewo aufgewachsen war. Später, in den 1950er-Jahren, zog sie zu ihren Kindern nach Moskau. Sie erzählte viel und gern über den Krieg (sie war damals etwa 15 oder 16 gewesen) und über die — glücklicherweise nicht allzu lange während — Besatzungszeit.

Aber den Namen Soja Kosmodemjanskaja hörte sie zum ersten Mal, als der Krieg schon vorbei war. Wie konnte das sein? Petrischtschewo ist doch schließlich ein Dorf und keine Stadt.

NOVEMBER 30

1939

**AUSBRUCH
DES SOWJETISCH-FINNISCHEN KRIEGES
(»WINTERKRIEG«)**

In diesem Krieg kämpfte mein Onkel Wowa, Mamas Bruder. Er brachte von dort eine Reproduktion eines Gemäldes von Aiwasowski* in einem schwarzen Holzrahmen mit, außerdem ein Röllchen trockenen Wandputzes mit dem Muster einer Kachel (es wurde in unserer Küche neben dem Waschbecken angeklebt) und eine Liege mit einer sehr geräuschvollen Federmatratze.
Auf der Liege schlief Großmutter. Und auf derselben starb sie auch. Das Stück Trockenputz war bald abgeblättert und wurde entsorgt. Das Gemälde im schwarzen Rahmen hängt bis heute bei mir zu Hause.

DEZEMBER

DEZEMBER
1
1959

UNTERZEICHNUNG DES *INTERNATIONALEN ANTARKTIS-VERTRAGS*

Ein alter Bekannter von uns war Arzt. Er war in der Wissenschaft tätig und beschäftigte sich mit den Schwierigkeiten des Überlebens in Extremsituationen. Er führte Selbstversuche durch und verbrachte deshalb mehrere Winter in der Antarktis auf einer Forschungsstation namens ... ist mir entfallen ... »Osten« vielleicht? Egal, tut nichts zur Sache.
Einmal besuchte uns dieser Bekannte nach solch einer langen Winterexpedition. Er hatte viel Spannendes zu erzählen. Mir blieb aber vor allem die folgende Episode in Erinnerung: Es war Anfang der 1980er-Jahre, also noch während der Sowjetzeit. Auf der Forschungsstation gab es nur ein Parteimitglied, dieser Mann war zugleich auch Parteisekretär. Er hatte eine separate Unterkunft, eine Art Parteizentrale. Womit dieser Parteisekretär dort beschäftigt war, blieb unbekannt. Es war auf jeden Fall zu nichts nutze. Zudem soll er ein widerlicher Mistkerl gewesen sein, kurz gesagt, ein Spitzel.
Eines Tages spielte ihm die Expeditionsmannschaft einen bösen Streich. Bei minus 50 Grad, also unter Einsatz der eigenen Gesundheit, pinkelten sie zusammen auf sein Tür-

DEZEMBER

1

1959

schloss. Eine dicke Eisschicht verhinderte somit den Zugang zu diesem Rückzugsort.

Dann beobachteten sie aus der Ferne, wie dieser überzeugte Kommunist zornig mit einem Wasserkocher auf und ab rannte, der allerdings jedes Mal auf dem Weg von der Küche bis zur »Parteizentrale« bereits abgekühlt war.

Auch wenn er ein boshafter Mensch war, besaß er dennoch genug Verstand, dieses Ereignis nicht weiter politisch zu verfolgen und sich nicht lächerlich zu machen. Zudem spürte er intuitiv, dass seine Zeit abgelaufen war.

DEZEMBER 2
1969

TOD KLIMENT WOROSCHILOWS*

Die Großmutter eines langjährigen Freundes von mir war ein lustiger Mensch. Als ich sie kennenlernte, war sie bereits alt, aber mit den Allüren einer Dame von Welt und nicht frei von Koketterie.

In Erinnerung blieb sie mir vor allem durch ihre besondere Weise, Sprichwörter und Redensarten zu verdrehen. Weniger zu verdrehen, als sie in einen ungewöhnlichen Bedeutungskontext zu setzen. Beispielsweise versicherte sie, während sie über die erstaunliche Gutmütigkeit und Sanftmut ihres verstorbenen Mannes sprach, dass er nicht einmal »eine Fliege beißen könnte«. Und zu ihrem Enkelkind, also meinem Kumpel, sagte sie immer vorwurfsvoll, wenn er spät nach Hause kam: »Wo treibst du dich denn rum? Ich sitze hier und warte auf dich, wie auf meinem Augapfel.« Es gäbe viele weitere Beispiele …

Früher war sie Zahnärztin gewesen. Und das nicht irgendwo, sondern im Kreml-Krankenhaus. Sie erzählte oft davon, wie sie »Woroschilow höchstpersönlich« eine Zahnfüllung eingesetzt hatte. »Er war so geduldig«, erzählte sie, »ich bohre und er sitzt schweigend da wie ein Beluga-Stör.«

DEZEMBER

3

1872

ENTDECKUNG EINER TAFEL DES *GILGAMESCH*-EPOS MIT DEM FRAGMENT DER SINTFLUT-ERZÄHLUNG

Ein Freund von mir machte einmal Urlaub in einem kleinen Dorf in Abchasien. Er wohnte bei einem alten Landwirt. Es wäre alles perfekt gewesen, wenn es nicht vom zweiten Tag an ununterbrochen geregnet hätte. Ein Tag Regen, zwei Tage Regen, drei Tage Regen, fünf Tage Regen, sieben Tage Regen. Die Urlaubstage liefen ihm davon. Mein Bekannter wollte eigentlich spazieren gehen und in der Sonne liegen. Der Plan ging nicht auf, er hatte kein Glück.
Am siebten Tag Dauerregen sagte der Wirt: »Morgen hört es auf.« — »Woher wissen Sie das?«, fragte mein Freund. »Schau her«, antwortete der alte Mann, »siehst du diesen Bach da?« — »Ja, warum?« — »Wenn es noch einen weiteren Tag regnen sollte, wird dieser Bach über die Ufer treten und meinen Garten überschwemmen. Kann denn Gott so etwas zulassen?«
Am nächsten Tag hörte es tatsächlich auf zu regnen.

DEZEMBER 4

1946

IN MOSKAU GEHT DAS ERSTE AUTOMOBIL *MOSKWITSCH-400* VOM BAND

In seinem eigenen (damals eine große Seltenheit) mattblauen *Moskwitsch* besuchte uns Onkel Wolodja Abramow, ein Freund und Arbeitskollege meines Vaters. Er und seine Frau, Tante Galja, kamen meine Eltern abholen. Meine Eltern stopften Thermoskannen und belegte Brote ins Auto, quetschten sich selbst hinein und fuhren »ins Grüne«.
Manchmal nahmen sie mich mit.
Wenn wir auf einer Lichtung angekommen waren (es war immer dieselbe), schwärmten die Erwachsenen aus in den Wald, um Pilze zu suchen. Ich aber schützte Kurzsichtigkeit vor, obwohl ich in Wirklichkeit nur zu faul war, blieb beim Wagen und verspeiste klammheimlich hartgekochte Eier aus Mamas karierter Tasche.

DEZEMBER
5
1924

**GRÜNDUNG DER PALECHER
KÜNSTLERISCHEN PRODUKTIONSWERKSTÄTTE
IN DER ALTEN RUSSISCHEN SIEDLUNG PALECH**

Wir hatten zu Hause eine Schatulle von dort. Ich glaube, aus Pappmaché. Sie war schwarz lackiert, blätterte am Deckel aber schon stark ab, sodass man das Motiv darauf nur schwer erkennen konnte. Es zeigte, soweit es sich erahnen ließ, ein Dorffest mit einem Ziehharmonikaspieler in der Mitte. Die Figur des Spielers musste man sich dazu denken, denn sichtbar war nur noch die Ziehharmonika. Da sie ja nicht frei in der Luft hängen und noch dazu die Bälge selbstständig aufblasen konnte, musste der Musiker ursprünglich natürlich da gewesen sein. Aber er »verschwamm« im wahrsten Sinne des Wortes, da mein großer Bruder diese Schatulle einmal nach dem Spielen auf dem Hof liegen gelassen und es dann nachts stark geregnet hatte. So verschwand der Ziehharmonikaspieler — wo gehobelt wird, fallen Späne.
Später bekam ich aus einem Gespräch zwischen Erwachsenen mit, dass diese marode Schatulle, die man aus irgendeinem Grund nicht wegwerfen konnte, mit dem seltsamen Wort »Palech« benannt wurde.
Mein Bruder bewahrte darin Knöpfe von Militäruniformen und anderen Kleinkram auf.

DEZEMBER 6
1917

IM HAFEN VON HALIFAX AN DER KANADISCHEN OSTKÜSTE KOLLIDIEREN DAS NORWEGISCHE FRACHTSCHIFF *IMO* UND DER FRANZÖSISCHE MUNITIONSFRACHTER *MONT BLANC*

Es müsste in der fünften Klasse gewesen sein. Ich rannte wie immer auf den Schulfluren herum und stieß plötzlich mit voller Wucht gegen die Englischlehrerin Anna Pawlowna, die wir Suppenkelle nannten. Sie kam mir — ebenfalls in Eile — direkt entgegen. Wir stießen so heftig zusammen, dass nicht nur das Klassenbuch aufgeschlagen herunterfiel, sondern auch sie selbst der Länge nach auf den Boden krachte. Man muss wissen, dass sie recht kräftig, dick und schwer war. Und ich? Was war mit mir? Ich bin ja, gelinde gesagt, auch heute noch nicht besonders massiv. Geschweige denn in der fünften Klasse ...

Aber dennoch bin nicht ich gestürzt. Sie schon. Es folgten Vorladungen ins Lehrerzimmer, die Eltern wurden in die Schule bestellt ... Was soll man groß darüber erzählen. Wer kennt das nicht.

DEZEMBER 7

1944

**UNTERZEICHNUNG DES ABKOMMENS
ÜBER DIE INTERNATIONALE ZIVILLUFTFAHRT**

Als Kind träumte ich vom Fliegen. In allen Einzelheiten. Doch im realen Leben bestieg ich das erste Flugzeug relativ spät — ich war schon um die 30. Es hat sich einfach vorher nicht ergeben. Als ich am Flughafen Wnukowo zum ersten Mal in ein Flugzeug stieg und die Maschine abhob, erwartete ich voller Ungeduld lauter neue, unbekannte Empfindungen. Aber sie kamen nicht. Ich hatte das ja alles schon in meinen Träumen erlebt. Unzählige Male.

DEZEMBER

1980

ATTENTAT AUF DEN LEGENDÄREN *BEATLES*-SÄNGER JOHN LENNON

Ich trug schon seit jeher am liebsten runde Brillen. Diese Form schien mir vollkommen. Auch heute bin ich noch dieser Meinung.
In den 1980er-Jahren sagte man dazu John-Lennon-Brille. Heutzutage sagt man Harry-Potter-Brille.
Eine ganz andere Epoche.

DEZEMBER 9

1842

GEBURT DES RUSSISCHEN ANARCHISTEN, GEOGRAFEN UND HISTORIKERS PJOTR KROPOTKIN

Eines Tages, irgendwann Mitte der 1970er-Jahre, stieg ich an der Metrostation Kropotkinskaja aus und sah ein Monument vor mir. Es handelte sich natürlich um ein Denkmal. Doch für wen, blieb unklar, da es in ein weißes Tuch gewickelt war. »Für wen ist denn dieses Denkmal hier?«, rätselte ich, »doch nicht etwa für Kropotkin? Wenn dem so ist, dann erfahre ich jetzt zumindest, wie er aussah. Ich hab ihn ja noch nie gesehen.«
Einige Tage später wurde das Denkmal enthüllt. Es war nicht Kropotkin, sondern wie üblich Engels. So ein Unsinn.
Er steht heute immer noch dort.

DEZEMBER
10
1901

ZEREMONIELLE VERLEIHUNG DER ERSTEN NOBELPREISE

Über kein anderes Thema scherzen Schriftsteller lieber. »Wenn ich den Nobelpreis bekomme, kauf' ich dir endlich deinen Nerzmantel«, sagt der Schriftsteller zu seiner Frau und kichert dabei gezwungen. Aber die Frau findet das alles andere als witzig. Nicht nur, weil sie den Spruch schon kennt, aber natürlich auch deshalb.
Immer, wenn die wichtigste Auszeichnung aller Zeiten verkündet wird, ist der Schriftsteller etwas angespannt, zerstreut und leicht besorgt. Seine Bewegungen sind flatterig. An diesem Tag arbeitet es sich schlecht. Nein, er erwartet natürlich nicht, dass dieses Mal tatsächlich er die Auszeichnung bekommt, das hätte ja gerade noch gefehlt. Aber es ist auch nicht so, als ob er es überhaupt nicht erwarten würde. »Ach nein, wohl kaum«, denkt er wehmütig und liegt damit meistens richtig. Aber eigentlich beschäftigt ihn eine ganz andere Frage. »Wer wird es dieses Mal sein?«, rätselt er gequält und ist schon im Vorhinein niedergeschlagen, »Doch nicht etwa diese Pfeife?«
Jeder Schriftsteller, der bei der Nobelpreisverleihung über-

DEZEMBER
10
1901

gangen wurde (diese sind wohlgemerkt in der Mehrheit), hat aber einen Plan B parat. Er reiht seinen Namen einfach in die Liste der anderen Genies ein, die ein feierliches Händeschütteln mit dem schwedischen konstitutionellen Monarchen nicht erleben durften.
»Nabokov ist übrigens auch dabei. Genau wie viele andere«, sagt der Schriftsteller und beruhigt sich ein wenig bis zum nächsten Jahr.

DEZEMBER
11
1802

**ERLASS DES DEKRETS
ZUR GRÜNDUNG DER BERUFSFEUERWEHR
IN SANKT PETERSBURG**

Nichts faszinierte mich als Kind so sehr wie der Anblick eines Brandes. Da ich meine Kindheit inmitten von Holzhäusern verbrachte, gab es diese zur Genüge.

Dennoch konnten Brände nicht mit der emotionalen und ästhetischen Wucht von Beerdigungen mithalten. Wenn aus der Ferne eine Blaskapelle erklang, nahm ich, wie man so schön sagt, die Beine unter die Arme und flitzte ihr entgegen. Das mysteriöse Dunkel zog mich magisch an.

Beerdigt wurde damals viel. Und heute übrigens auch nicht wenig.

DEZEMBER
12

1901

GRÜNDUNG DER *TABLE TENNIS ASSOCIATION* IN GROSSBRITANNIEN

Im verregneten Sommer 1963 spielten mein Kumpel Smirnow und ich tagelang Tischtennis auf seiner Veranda. Mal gewann er, mal ich.
Um für etwas Abwechslung zu sorgen, ließen wir uns einmal Folgendes einfallen: Ich nahm meine Brille ab und gab sie ihm. Während er keine Sehschwäche hatte, war ich bereits damals stark kurzsichtig. Also musste er mit meiner Brille spielen und ich ohne. Er sah alles doppelt und dreifach, dagegen konnte ich den Ball erst wenige Zentimeter vor mir erkennen. Es war unglaublich lustig.

DEZEMBER 13

1742

ELISABETH I. ORDNET PER DEKRET AN, ALLE JUDEN SOFORT DES LANDES ZU VERWEISEN UND SIE UNTER KEINEN UMSTÄNDEN JE NACH RUSSLAND ZURÜCKKEHREN ZU LASSEN

Wie man unschwer erkennen kann, ist auch in diesem Fall wieder einmal nichts daraus geworden.

DEZEMBER 14

1947

VERORDNUNG DES UDSSR-MINISTERRATS UND DES KPDSU-ZENTRALKOMITEES ÜBER DIE DURCHFÜHRUNG EINER WÄHRUNGSREFORM UND DIE ABSCHAFFUNG VON INDUSTRIEGÜTER- UND LEBENSMITTELMARKEN

Meine Mutter erzählte immer wieder von diesem Tag. Ich war schon auf der Welt — zehn Monate alt. Bei meiner Geburt waren die Marken aber noch im Umlauf.
An diesem Reformtag, erzählte meine Mutter, ging sie zum Feinkostgeschäft Jelissejew und kaufte französisches Weißbrot sowie 100 Gramm Schinken. Doch bis nach Hause schaffte sie es mit den Einkäufen nicht. Sie setzte sich am Twerskoi-Boulevard auf eine verschneite Bank und aß in einem Zug alles auf. Das blieb ihr ein Leben lang in Erinnerung.
An das neu eingeführte Geld kann ich mich gut erinnern. Große Scheine bekam ich äußerst selten zu Gesicht, nur wenn mein Vater Mama den Lohn direkt in die Hand drückte. Ich weiß nur, dass sie riesig waren — um sie ins Portemonnaie zu stecken, musste man sie doppelt falten. Und die kleineren Scheine — also 1 Rubel, 3 Rubel und 5 Rubel — waren hochkant. Erst letztens fand ich solch einen Fünfer zwischen den Seiten einer Enzyklopädie.
Ein Eis kostete damals ungefähr anderthalb Rubel. Und in ein Münztelefon warf man eine 15-Kopeken-Münze. Ein Glas Sprudel mit Sirup kostete 35 Kopeken und eines ohne Sirup 5 Kopeken. Streichhölzer ebenfalls 5 Kopeken.

DEZEMBER 15

1945

TOD DES AMERIKANISCHEN MUSIKERS UND LEITERS DES GLEICHNAMIGEN SWING-ORCHESTERS GLENN MILLER

Mitte der 1950er trällerten mein großer Bruder und seine Freunde immer wieder etwas aus der *Sun Valley Serenade*: »Papa Rotschopf, Mama Rotschopf, ein Rotschopf bin auch ich. All meine Verwandten ham' den roten Stich. Nur das kleine Schwesterlein …« Was es nun mit der Schwester auf sich hatte, weiß ich nicht mehr. Schade eigentlich. Aber das, woran ich mich erinnern kann, ist lustig genug.

DEZEMBER
16

1931

IN MOSKAU ERÖFFNET DAS ERSTE PROFESSIONELLE ROMA-THEATER *ROMEN*

Ich weiß nicht genau, wieso, aber aus irgendeinem Grund wollte ich mit 13, 14 Jahren unbedingt das *Romen*-Theater besuchen. Was wolle ich da nur? Ich weiß es nicht. Aber ich wollte es unbedingt.

Und eines Tages in den Ferien kaufte Vater zwei Karten für dieses Theater. Für mich und für ihn. Nun, wir gingen hin. Ich erwartete natürlich etwas Außergewöhnliches. Wir kamen an und setzten uns, aus irgendeinem Grund, in die erste Reihe. Das heißt, nicht aus irgendeinem Grund, sondern weil wir eben solche Karten gekauft hatten.

Wir sitzen also in der ersten Reihe und die Vorstellung beginnt. Auf der Bühne war ein riesiger Teppich ausgebreitet, der sich in alle Ecken erstreckte. Die Schauspieler erschienen und fingen an zu spielen. Dann sangen sie. Doch als sie anfingen zu tanzen, stellte sich heraus, dass der Teppich unglaublich staubig war — und der ganze Staub kam direkt auf uns zugewirbelt.

Ich gab mir große Mühe, es auszuhalten, fing letzten Endes jedoch zu niesen an und konnte nicht mehr damit aufhören, sodass mich Vater mitten im Stück nach Hause bringen musste. Ich bin dort nie mehr gewesen.

DEZEMBER 17

1663

TOD DER KÖNIGIN VON NDONGO UND MATAMBA, NZINGA MBANDE NGOLA

All diese Worte klingen so magisch, dass man zu ihnen wirklich nichts mehr hinzufügen möchte. Belassen wir es also dabei, ja?

DEZEMBER 18
1994

**DER FRANZÖSISCHE HÖHLENFORSCHER
JEAN MARIE CHAUVET ENTDECKT DIE CHAUVET-HÖHLE
VOLLER EINZIGARTIGER HÖHLENMALEREIEN**

Im Sommer 1963 sagte mein Freund Smirnow einmal: »Ich habe irgendwo gelesen, dass ...« (Natürlich hatte er nichts dergleichen gelesen, sondern es selbst erfunden. Er war allgemein ein notorischer Träumer.) »Ich habe irgendwo gelesen«, meinte er, »dass es einen geheimen unterirdischen Tunnel gibt, der vom Kreml nach Sagorsk* führt. Meinen Berechnungen zufolge müsste er direkt unter dem Tajninskaja-Bahnsteig verlaufen.« (Welche Berechnungen? Warum? Egal. Seinen Berechnungen zufolge eben.) »Lass uns doch unter den Bahnsteig kriechen«, meint er, »und nachsehen, was es dort gibt. Vielleicht irgendeinen geheimen Eingang. Wir haben sowieso nichts zu tun.«
Zu tun hatten wir wirklich nichts. Wir nahmen also eine Taschenlampe und begaben uns unter den Bahnsteig. Lustigerweise befand sich dort unten tatsächlich so etwas wie ein Schacht. Und wohlgemerkt ein offener. Triumphierend blickten wir uns an und kletterten hinein. Einen Tunnel fanden wir nicht, nur einen nicht allzu tiefen und sehr vermüllten Grund. Zunächst trat Smirnow auf einen rostigen Draht und verletzte sich am Bein. Während er lang und blumig vor sich

DEZEMBER
18
1994

hin fluchte, trat ich mit meinem Fuß in einen prächtigen und seltsamerweise auch sehr frischen Scheißhaufen.
Wir beschlossen jedoch nicht aufzugeben und fingen an mit der Taschenlampe die Wände entlangzufahren. Wir fanden nichts, ausgenommen einen kurzen, sehr ausdrucksstarken und allen wohlbekannten Schriftzug.
Kurzerhand entschieden wir uns die Suche ein andermal fortzusetzen, und kletterten an die Oberfläche. Die Züge donnerten nur so an uns vorbei, mal in die eine, mal in die andere Richtung. Nachdem es ruhiger geworden war, kamen wir unter dem Bahnsteig hervorgekrochen und gingen nach Hause — er, der ständig das Hosenbein hochzog und die Abschürfung an seinem Bein untersuchte, ich, der erfolglos versuchte, seinen Schuh am Rasen abzuwischen.
»Morgen kommen wir wieder«, sagte Smirnow munter.
»Klar«, stimmte ich zu. Aber wir kamen nicht wieder, weil interessantere Dinge dazwischen kamen. Was für welche, weiß ich nicht mehr. Aber ich erinnere mich, dass sie interessant waren.

DEZEMBER 19

1906

GEBURT DES SOWJETISCHEN STAATSMANNES, POLITIKERS UND STAATSOBERHAUPTES DER UDSSR LEONID BRESCHNEW

Diese Stimme, dieser Tonfall, der von morgens bis abends aus dem Fernseher und Radio ertönte, zu Tode langweilte und zur Massenparodie verführte, war die beständige Kulisse meiner Jugend, der Zeit meines künstlerischen und sozialen Reifens, und, wie es damals schien, des ganzen Lebens überhaupt. Und das Leben war seltsamerweise absolut schön. Aber auch jetzt ist es wundervoll.

DEZEMBER
20

1958

ENTHÜLLUNG DES MOSKAUER DENKMALS FÜR FELIX DSERSHINSKI

Dieses Denkmal, was nicht überrascht, spielte einmal eine recht heimtückische Rolle in meinem Leben.

Einmal lernte ich ein Mädchen aus einer anderen Stadt kennen, einen »Gast der Hauptstadt«. Direkt auf der Straße. Früher konnte ich das — jemanden auf der Straße kennenlernen, doch irgendwann später habe ich diese Fähigkeit verloren.

Sie hatte es eilig, aber wir schafften es dennoch, uns für den Abend zu verabreden. Und, wer weiß warum, schlug ich vor, sich an diesem unglückseligen Denkmal zu treffen, wobei ich völlig vergaß, dass man es ja gar nicht zu Fuß erreichen konnte. Dass sie das nicht wusste, na gut — sie war ja nicht von hier. Aber ich! Tja, es war mir entfallen und mehr gibt's nicht zu sagen. Passiert nun mal!

Dass wir uns nicht getroffen haben, versteht sich von selbst. Und sie hat wahrscheinlich beschlossen, dass ich mich dumm und grausam über sie lustig gemacht habe.

Schade natürlich. Obwohl, wer weiß?

DEZEMBER 21

1899

**IN SANKT PETERSBURG ERSCHEINT
DIE ERSTE AUSGABE
DER ZEITSCHRIFT *OGONJOK***

Die *Ogonjok*-Ausgabe vom Mai 1953 mit Stalins Trauerportrait auf dem Titelblatt wurde aus irgendeinem Grund lange in Vaters Schreibtischschublade verwahrt. Bei einem unserer Umzüge verschwand sie dann.

DEZEMBER 22

1920

AUF DEM 8. ALLRUSSISCHEN SOWJETKONGRESS WIRD DER *GOELRO*-PLAN ZUR ELEKTRIFIZIERUNG RUSSLANDS BESCHLOSSEN

Ich kannte einen Schriftsteller (einen ganz guten sogar, leider verfiel er dann jedoch dem Alkohol und verschwand von der Bildfläche), der seine Kindheit in einem Dorf bei Twer verbracht hatte. Seine Kindheit fiel, wie die meine, in die 1950er- und 60er-Jahre.
Als ich in seiner Anwesenheit anfing, mich an Kinderradiosendungen aus unserer frühen Kindheit zu erinnern, sagte er: »Wovon redest du eigentlich? Wir hatten gar kein Radio!« — »Wie das denn?« — fragte ich ungläubig. »Na einfach so!«, sagte er. »Hatten wir eben nicht. Und Strom gab es auch erst Mitte der 1960er-Jahre.«

DEZEMBER
23

1947

**AMERIKANISCHE PHYSIKER FÜHREN
DEN ERSTEN TRANSISTOR DER WELT VOR**

In Physik war ich in der Schule nicht besonders gut. Oder eher gesagt, nicht nur nicht besonders gut, sondern ziemlich schlecht. Doch aus irgendeinem Grund behandelte mich unsere Physiklehrerin Elwira Wassiljewna immer sehr gut und ertrug mit Engelsgeduld meine absolute Immunität gegenüber ihrem Fach. Während des Physikunterrichts las ich immer unbedenklich ein Buch unter dem Pult. Elwira Wassiljewna sah das natürlich, ließ sich aber nichts anmerken. Und ich bekam von ihr immer eine solide, sichere Drei.
Irgendwann kam dann die Zeit der Abschlussprüfungen. Auch in Physik wurde man geprüft.
Und bei den Prüfungen war immer die sogenannte Kommission anwesend, also Lehrer aus anderen Klassen und manchmal sogar der Direktor.
Ich zog meinen Prüfungsbogen. An die erste Frage erinnere ich mich nicht. Und die zweite Frage war praktischer Natur. Das heißt, man musste aus vorgegebenen Drähten und Teilchen einen Detektorempfänger zusammenbauen.
Zum Scheitern verurteilt setzte ich mich ans Pult, drehte und wendete all diese seltsamen Dinge in meinen Händen

DEZEMBER 23

1947

und begann schließlich in einem Anfall idiotischer Inspiration, ein Teil mit dem anderen wie im Schlafe zu verbinden, wodurch sogar etwas zustandekam.
»Ich bin fertig«, sagte ich mit zittriger Stimme. Elwira Wassiljewna kam schnellen Schrittes auf mich zu, sah sich die Früchte meiner Ingenieursanstrengungen an und sagte laut, sodass die Kommission es hören könnte: »Gut gemacht! Alles richtig!«
Dieses Lob ermutigte mich dermaßen, dass ich entschied, dieses Wunder der Technologie zu testen, wofür ich meine Kopfhörer aufsetzte und anfing, irgendwelche Knöpfe zu drücken. Da ich absolut nichts hörte, nicht einmal das charakteristische Knistern, einfach gar nichts, sagte ich, warum auch immer: »Aber irgendwie ist nichts zu hören!«
Elwira Wassiljewna wurde augenblicklich hochrot, stürzte auf mich zu und zischte mit zusammengebissenen Zähnen: »Nimm es sofort auseinander!«
Ich verstand und zerlegte es.

DEZEMBER 24

1865

GRÜNDUNG DER RASSISTISCH-TERRORISTISCHEN GEHEIMORGANISATION *KU-KLUX-KLAN* IN DEN USA

Im *Krokodil* wurden oft Menschen in weißen Hutmasken mit zwei Augenschlitzen abgebildet. Eine Zeit lang dachte ich, dass es sich dabei um amerikanische Nationaltrachten handelte.

DEZEMBER
25

1759

DER PHYSIKER JOSEF ADAM BRAUN
ENTDECKT DAS QUECKSILBER

Eine kleine, glänzende Quecksilberkugel aus einem zerbrochenen Thermometer lag nervös zitternd am Boden der *Sadko*-Keksdose*. Wenn man die Dose in die eine oder andere Richtung wendete, bewegte sich das Kügelchen mit den ängstlichen und eiligen Bewegungen einer Maus, um bei erster Gelegenheit aus der Dose zu springen und in irgendeiner Dielenspalte zu verschwinden. Aber dank der Wachsamkeit meines großen Bruders, der die Dose mit größter Vorsicht drehte, gelang es ihr nicht.

DEZEMBER
26

1783

VORFÜHRUNG DES ERSTEN FALLSCHIRMSPRUNGES AUS GROSSER HÖHE

Als ich in der vierten Klasse eine Erzählung zum Thema »Wie ich meinen Feiertag verbrachte« verfasste, gab mir Maria Wassiljewna eine Drei, weil ich ihrer Meinung nach zwei Fehler gemacht hatte. Das Wort »Attraktion« berichtigte sie zu »Addraktion« und das Wort »Fallschirm« zu »Fallschürm«.

Später verließ sie uns, weil sie in eine andere Stadt zog. Und in eine andere Stadt zog sie, weil sie sich, wie sie sagte, »vermählde«.

DEZEMBER 27

1990

DURCH EINEN ERLASS DES MINISTERRATES DER RSFSR WIRD DAS KORPS DER RUSSISCHEN RETTUNGSSCHWIMMER GEBILDET

1966 machten mein Bruder, seine Frau und ich Urlaub in der Nähe von Sewastopol. Es gab zwar einen tollen Sandstrand, aber der Rest der Gegend war recht wild und unbehaglich. Einmal erzählten uns die Hauseigentümer, bei denen wir ein Zimmer mit Veranda gemietet hatten, dass es bei ihnen im Ort einen schrecklichen Vergewaltigungsfall mit Mord gegeben hätte. Bei der Ermittlung stellte sich heraus, dass die Täter zwei Brüder waren, die am Ortsstrand als Rettungsschwimmer arbeiteten.
Rettungsschwimmer-Vergewaltiger — das hat was.
Ich hatte sie zuvor schon mal gesehen — sie wirkten wie zwei völlig normale Burschen.

DEZEMBER 28

1925

TOD DES RUSSISCHEN DICHTERS SERGEI JESSENIN*

»Sehr erfreut«, sagte mir einst eine durchaus gutmütige, wenn auch sehr betrunkene Person auf dem Gang des Zuges Moskau-Leningrad, »mein Name ist Serjosha Jessenin. Ich lebe noch! Glauben Sie niemandem.«
»Ob das stimmt?«, überlegte ich. Ich sagte aber nichts dergleichen. Und entgegnete nur, etwas dümmlich: »Sehr angenehm.«

DEZEMBER 29

1932

EINFÜHRUNG DES SOWJETISCHEN EHRENTITELS *WOROSCHILOW-SCHÜTZE** DES 1. UND 2. GRADES

Mein großer Bruder hatte dieses Abzeichen. An den Rang kann ich mich nicht mehr erinnern. Ich glaube, er hat es per Tausch bekommen. In dieser Hinsicht war er sowieso ein Profi. Einmal tauschte er auf dem Hof Omas silberne Zuckerdose gegen eine hölzerne Trillerpfeife. Danach musste Mama zu der Mama von dem mit der Trillerpfeife gehen und alles zurücktauschen. Es wurde noch lange darüber geredet.

DEZEMBER
30

1927

**VOR 87 JAHREN ENTWICKELT
DER RUSSISCHE CHEMIKER SERGEI LEBEDEW
ALS ERSTER WELTWEIT EIN VERFAHREN
ZUR GEWINNUNG VON SYNTHETISCHEM
KAUTSCHUK**

Radiergummis nannte man »Abreiber«. Abreiber waren hart und radierten schlecht. Manchmal versuchte man, mit ihnen einen Tintenfleck vom Finger zu reiben. Der Klecks ging nicht ab, dafür aber die Haut — und tat dann sehr weh. Robuste Dinge wurden damals hergestellt — Radiergummis, Tinte und überhaupt alles.

DEZEMBER 31

1999

BORIS JELZIN KÜNDIGT SEINEN VORZEITIGEN RÜCKTRITT ALS STAATSOBERHAUPT AN

Davon erfuhr ich, als ich gähnend die Küche betrat und wie gewohnt das Radio anschaltete. Sofort hörte ich: »Ich bin müde, ich gehe.« Das kam sehr unerwartet und war, ehrlich gesagt, auch sehr stark. So stark, dass ich zugegebenermaßen sogar feuchte Augen bekam.
»Na super, Frohes Neues Scheusal, liebe Genossen«, murmelte ich mir selber zerstreut, und immer noch nicht ganz wach, zu. Als hätte ich es vorausgesehen.

LEW RUBINSTEINS KALENDERGESCHICHTEN ALS INBESITZNAHME DER ZEIT

von Susanne Strätling und Georg Witte

»Mein Kalender«. Kein Heiligenkalender, kein Mondkalender, kein Terminkalender, kein Jahreszeitenkalender, sondern: *Ein ganzes Jahr. Mein Kalender.* 365 Tage, 365 Ereignisse, 365 Erinnerungen. 365 Möglichkeiten, diese drei Variablen miteinander ins Spiel zu bringen. Lew Rubinstein setzt mit seinem Kalender nicht nur sich selbst, seine Erinnerungen, der geballten Macht einer jahrtausendealten Kulturtechnik des Ordnens und Messens von Zeit aus. Zugleich öffnet er diese Technik für eine erzählerische Intervention. Er unterzieht den Kalender einem Experiment, einer Probe auf Verlässlichkeit, wenn es an das Kerngeschäft der Aneignung von Zeit geht: die erzählte und sich im Erzählen erst bildende Erinnerung. Dabei zerschlagen die flexiblen Eigenzeiten des Erinnerns Tag für Tag die Zwangsstruktur kollektiver kalendarischer Chronologie mitsamt dem Dateninventar ihres Memorialkanons.

Rubinstein weiß nicht nur um die Bedeutung der Zeitordnung als »das vornehmste Attribut aller Herrschaft« (Elias Canetti). Er kennt auch die lange Tradition des kalendarisch organisierten Erzählens und dessen doppelte Option: Es unterwirft sich einem Regime von Zeit — und höhlt es doch kraft seines Eigensinns aus. Die Kalendergeschichte besitzt ihre eigene machtvolle Gattungsgeschichte in der Spannbreite zwischen unterhaltsamer Anekdote, didaktischer Alltagslehre und kunstvoller Erzählminiatur. Spuren all dieser Formen finden sich in *Ein ganzes Jahr*. Wenn etwa der Eintrag zum 9. Januar (»In den Ruinen von Monte Albán im Süden Mexikos wird ein Zapoteken-Schatz aus dem 13. Jahrhundert entdeckt«) lautet: »Schon den dritten Tag regnete es ununterbrochen. Langeweile und Trübsinn machten sich in unserem kleinen Lager breit. Alle waren ungehalten und missmutig. Die Sache hätte womöglich in einer handfesten Auseinandersetzung geendet, wenn nicht auf einmal ...«, so verspricht dieser Beginn eine der denkwürdigen Begebenheiten, wie sie Johann Peter Hebels erfolgreichen Kalendergeschichten für den *Rheinischen Hausfreund* zugrunde lagen.

Dieser Anfang aber wird ebenso wenig ausgeführt wie die Anspielungen auf Lehrstücke in Vers und Prosa, die Bertolt Brecht unter dem Titel *Kalendergeschichten* bündelte. Wo Brecht anlässlich eines Berichts über die Errichtung eines Lenindenkmals in der Frankfurter Zeitung vom 30. Dezember 1929 im Kalendergedicht »Die Teppichweber von Kujan-Bulak ehren Lenin« zu einer wahrhaft sozialistischen Form des Gedenkens an Lenin aufruft, statt sich im Personenkult zu verausgaben, da erinnert Rubinstein unter dem Datum des 13. Juni 1912, anlässlich des Kalendereintrags zur »Eröffnung des Museums der schönen Künste in Moskau, später umbenannt in Staatliches Puschkin-Museum der bildenden Künste«, an einen Besuch des »Museums der Geschenke für Stalin« im Jahr 1954. In diesem Museum war — neben einem Schokoladen-Kreml und anderen absurden Devotionalien der Macht — auch ein knotiger Teppich ausgestellt, den ein Kolchosbauer mit den Zehen geknüpft hatte. So eng beide Kalendertexte motivisch miteinander verflochten sein mögen, so weit ist doch Rubinsteins Kalenderprosa von der unmissverständlichen politischen Parabolik Brechtscher Kalendaristik entfernt.

VON DER PUBLIZISTIK ZUR LITERATUR

Rubinsteins *privater* Kalender ist aber keineswegs unpolitisch, und er stellt sich nicht einfach außerhalb einer größeren — einer gesellschaftlichen oder kollektiven — Zeit. Das Herausfordernde an diesem Gestus einer radikalen Individualisierung, ja Subjektivierung der Zeit liegt nicht zuletzt darin, dass er von einem Autor stammt, der zu den aktivsten Kommentatoren und schärfsten Kritikern der russischen Geschichte und Gegenwart gehört. Als sich mit der Perestroika und dem nachfolgenden Ende der Sowjetunion völlig neue Strukturen der Öffentlichkeit und zuvor ungeahnte Räume der publizistischen Stellungnahme herausbildeten, definierte Lew Rubinstein seine Rolle als Schriftsteller radikal neu. Aus dem Mitglied der konzeptualistischen Kunstelite Moskaus wurde ein publizistisch aktiver Autor, der sich operativen und populären Gattungen wie dem kritischen, auch satirischen, Zeitungsfeuilleton, der Glosse, der Rezension und dem zeitkritischen Essay widmete. Das ging so weit, dass manche seiner Freunde aus dem Konzeptualistenkreis gar etwas von der Wiedererweckung eines anachronistischen Intellektuellenmodells — des politisch engagierten, eher journalistischen als literarischen Schriftstellers, verkörpert von Autoren des 19. Jahrhunderts wie Alexander Herzen oder Nikolai Tschernyschewski — munkelten.

Rubinstein war Kolumnist in den regierungskritischen Journalen *Itogi* (1996-2001), *Jeshenedelny shurnal* (2001-2004) und *Bolschoi Gorod* (2002-2012). Diese Journale waren hohem staatlichem Druck, finanziellen Repressalien, Zwangsentlassungen ihrer Redaktionen und am Ende Schließungen ausgesetzt. Er war regelmäßiger Beiträger zum Portal *Grani.ru*, dessen Internetseite 2014 blockiert wurde. Außerdem publizierte er in der regierungsunabhängigen, seit ihrem Bestehen massiven Schikanen und Journalistenmorden ausgesetzten *Nowaja Gaseta*. Seit 2015 war er Beiträger für *Inliberty.ru*, seit 2017 für das von Michail Chodorkowski gegründete Portal *MBCh-Media*. Neben seiner publizistischen Tätigkeit beteiligte er sich an Projekten und Aktionen der zivilgesellschaftlichen Protestbewegung, etwa zur Verteidigung des unabhängigen Fernsehkanals *Doshd*, zur Unterstützung des Projekts *Gegen Homophobie* und zur Solidarität mit den verurteilten Aktivistinnen der Gruppe *Pussy Riot*. 2014 unterschrieb er die Erklärung zur »Beendigung des aggressiven Abenteuers und Rückführung der russischen Truppen vom Territorium der Ukraine«. Und 2017 trat er, wie auch eine Reihe anderer Autorinnen und Autoren, aus dem russischen PEN-Zentrum aus — aus Protest gegen dessen Duldung und Unterstützung staatlicher Repressionen gegen Autorinnen und Autoren.

Schon die Texte des neuen, des *journalistischen* Lew Rubinstein waren durchdrungen von der individuierenden Kraft des Erzählens. Rubinstein entwickelte ein unverwechselbares Idiom des mal plaudernden Causeurs, mal mit epigrammatischer Spitze zustechenden Kommentators, der seine Zeitdiagnosen mit einem schier unerschöpflichen Vorrat persönlicher Erinnerungen anreichert. Diese Texte lebten von einer merkwürdigen Spannung zwischen dem Ton und Habitus eines Erzählers, der sich an Zuhörer und Leser wendet, die ihm persönlich bekannt zu sein scheinen, Freunde und Freundesfreunde, und der enormen gesellschaftlichen, philosophischen und historischen Tragweite ihrer Themen. Dass er Sammlungen seiner zuvor in Zeitschriften und auf Internetportalen erschienenen Essays zudem nachträglich als Bücher in Literaturverlagen wie *Nowoje Literaturnoje Obosrenije* (*NLO*) und *Limbach* veröffentlichte, unterstreicht den Anspruch einer journalistischen Intervention in das literarische Feld.

Auch erprobte Rubinstein als publizistisch-literarischer Hybrid bereits früher, einige Jahre vor dem Erscheinen von *Ein ganzes Jahr*, das erzählerische Potential des Zeitskeletts eines Jahres. 2012 erschien unter dem Titel *Von Mai bis Mai* seine E-Mail-Korrespondenz mit dem in der demokratischen und zivilgesellschaftlichen Protestbewegung engagierten Autor Grigori Tschchartischwili (besser bekannt unter seinem Pseudonym Boris Akunin als Autor populärer historischer Kriminalromane), ein erzählerischer Austausch unter Freunden, der zunehmend von den Ereignissen der Moskauer Proteste gegen die Wahlfälschungen im Jahre

2011 beherrscht wird. Das informelle Erzählen, das Sich-untereinander-etwas-Erzählen, wird hier zum Medium einer intensiven Auseinandersetzung über die politische Involvierung des Schriftstellers.

In *Ein ganzes Jahr* entfaltet sich diese Spannung zwischen dem Privaten und dem Öffentlichen, dem Persönlichen und dem Politischen in neuen Formen. Das gilt bereits für die Entstehungsgeschichte des Buchs. Wie so oft bei Rubinstein, ist auch hier das Buch eher das Nebenprodukt einer anderen, performativeren Praxis des Schreibens. Das galt bereits für die Essaysammlungen, und das wurde mit der Buchwerdung einer Korrespondenz unter Freunden ein weiteres Mal deutlich. Im Falle von *Ein ganzes Jahr* aber war nicht der intime Rahmen der Freundesbriefe, sondern das Theater der Inkubationsraum des Buchs. Die Texte entstanden zunächst für eine Performance im Moskauer Theater *Schatten (Tjen)* und wurden dort im Oktober 2017 vom Autor, begleitet von Videoclips, vorgetragen. Erst die Verlegerin Irina Prochorowa, Leiterin des Verlags *NLO*, regte den Autor dazu an, die Texte als Buch zu veröffentlichen.

VOM EREIGNIS ZUR ERINNERUNG

Auch was die narrative Repräsentation von Zeit betrifft, verdankt sich das Buch einer existentiell erfahrenen Spannung zwischen dem Politischen und dem Persönlichen. *Ein ganzes Jahr* evoziert die große, die historische, nationale, imperiale, globale Dimension der Zeit und setzt eine eigene, kleine Zeit darunter, lässt sie buchstäblich den Kalender unterlaufen. Rubinstein überführt die Geschichte der großen Jahreszahlen und der großen Jahrespläne in das Mikronarrativ individueller Erinnerung, die in brüchiger, oft kontingent scheinender Verbindung zur offiziellen Geschichtsschreibung mitsamt der Logik ihrer Chronologien stehen. Die Dauer suggerierende Zeitachse staatstragender Gründungs-

und Erscheinungsdaten, prominenter Todes- und Geburtstage, wegweisender Erfindungen und Patentierungen, sinnstiftender Anfänge oder »zum ersten Mal« stattfindender Ereignisse konfrontiert Rubinstein mit bisweilen anekdotisch, bisweilen trivial oder nebensächlich erscheinenden Erinnerungspartikeln und Gedächtnisfragmenten, in denen sich prismatisch ein Bild der stalinistischen Epoche bricht. Hier treffen zwei Erzählordnungen aufeinander. Verschüttete oder verschattete Dimensionen sozialistischer Alltagsgeschichte, an den Rändern der offiziellen Historiografie, werden freigelegt. In der nicht selten parodistischen Kontrastmontage biografischer Bruchstücke aus Kindheit und Jugend mit einer alles überwölbenden Weltzeit implodieren die Selektionsprinzipien und Symboliken des kalendarischen Datenkanons mitsamt seinen Deutungsmustern.

Diese flexible Verbindung von Historiografie und Biografie berührt auch die Kohäsionskraft zwischen Ereignis und Erinnerung. Rubinsteins Kalenderprosa ist nicht, wie viele andere Memoirentexte, von einer Verunsicherung über die Unzuverlässigkeit individuellen oder kollektiven Erinnerns gekennzeichnet. Sein Datumstext ist nicht von einer Angst vor dem Vergessen oder einer Kapitulation vor dem Strukturzwang des Kalendarischen beherrscht. Er beutet dessen Ordnung aus für eine Multiplizierung der Geschichten. Die hier versammelten 365 Kurztexte erproben Möglichkeiten des Erzählens unter den Bedingungen kalendarisch regulierten Erinnerns. Ein jeder von ihnen fragt danach, wie sich Zeit und Ereignis in Beziehung zueinander setzen lassen, wie weit Erinnerung auf (datierbare) Ereignisse angewiesen ist und wie sehr die Erinnerung an solche Ereignisse wiederum Auslöser eines Erzählimpulses ist. Man könnte Rubinsteins Antwort auf diese Fragen eine Poetik des Postscriptums nennen. Seine Kalendergeschichten sind in einem zweifachen Sinne Nachschriften auf die offizielle Historiografie der Ereignisse: Sie kommen nicht nur *danach* in einem zeitlichen Sinn uneinholbarer Verspätung. Sie kommen *danach* auch in einem medialen Sinn. Dort, wo der Kalender in konventioneller Abfolge und normiertem Format schon jedes Kästchen, jede Spalte, jede Seite oder jedes Blatt mit einem Datum und jedes Datum mit einem Ereignis belegt hat, dort öffnet Rubinstein diese Anordnung aufs Neue und setzt in einer Art kalendarischer Coda seine eigene, und das heißt: eine andere Geschichte unter das schon *objektiv* Vorgegebene.

Wenn sich der Kalendertext multipliziert, aus dem einen, gültigen Eintrag ein neuer Eintrag hervorquillt, und dies an jedem Tag von Neuem, und wenn an jedem Tag sich andere Sujets des *Nach*-Erzählens eröffnen, dann verliert Datierung ihren Anspruch des Definitiven. Man könnte sagen: Datierung diffundiert. Das monopolisierte Ereignis des Kalenderdatums wird vom abgeleiteten, assoziierten, scheinbar sekundären und marginalen Ereignis des biografischen Mikronarrativs Rubinsteins aufgelöst. Dabei tritt neben das eindeutige Datum des Kalenders die zumeist ungenaue Datierung der von Rubinstein erzählten Erinnerungen. Und je beharrlicher diese persönliche Inbesitznahme der Zeit — »mein« Kalender — wird, desto mehr relativiert sich das »mein«. Neben diesen Erinnerungen, die alles andere als ein kohärentes Lebensnarrativ formen, sondern in ihrer Kontingenz und Fragmentierung ausgestellt werden, werden sowohl unzählige andere Erinnerungen als auch Erinnerungen anderer denkbar. Inbesitznahme von Zeit ist das Gegenteil ihrer Monopolisierung, sie ist Verteilung, Zerstreuung, Zerstäubung. Der Effekt dieser diffundierenden Datierung ist ein Auseinanderdriften von Zeitordnungen und Narrativen. Rubinstein speist seine Kalendergeschichten zwar aus der Struktur der vorgegebenen Chronologien, treibt aus ihnen aber eine alternative Geschichtsschreibung hervor.

Als Rubinstein 2018 sein Buch im Moskauer Verlag *NLO* publiziert, lebt die russische Kultur seit einhundert Jahren mit einer doppelten Zeitrechnung. Am 26. Januar 1918 beschließt der Rat der Volkskommissare die Umstellung der sowjetischen Zeitrechnung auf den gregorianischen Kalender, um Russland datierungstechnisch mit Europa zu synchronisieren — und reißt damit ein gewaltiges Loch in das Kontinuum von Zeitläufte und Lebensläufen, indem er kurzerhand den 1. Februar 1918 zum 15. Februar erklärt. Diese chronometrische Revolution, die der politischen folgte, war Ausgangspunkt einer gespaltenen Kalenderführung, die bis heute andauert. Seither folgen kirchliche und weltliche Festtage entweder »altem Stil« oder »neuem Stil« und die Geschichtsschreibung gibt für jedes Datum vor der Zeitenwende 1918 zwei Zahlen an, damit ersichtlich ist, nach welchem Kalender die Angabe erfolgt. Nur so erklärt sich auch der eigentümliche Umstand, dass der (inzwischen zum »Tag der nationalen Einheit« umgewidmete) Feiertag der Oktoberrevolution im November lag — nämlich nach »neuem Stil«, obwohl das historische auf diesen Tag verpflichtete Ereignis kalendarisch in der Geschichtszeit des »alten Stils« stattfand. Rubinsteins Kalenderreform partizipiert an dieser doppelten Buchführung der Daten, an dieser für die russische und noch die sowjetische Geschichtsschreibung konstitutiven temporalen Verschiebung, die jede Datierung zweideutig werden lässt.

VOM KATALOG ZUM KALENDER

Mit dem Kalender knüpft Rubinstein auf gebrochene und verschobene Weise an eine Methode serieller Textproduktion wieder an, die er Jahrzehnte zuvor erfunden und zu einem paradigmatischen Genre des Moskauer Konzeptualismus entwickelt hatte. Mitte der 1970er-Jahre beginnt er — damals noch Bibliograf am Moskauer Staatlichen Pädagogischen Institut — die Arbeit an seiner literarischen Kartothek. Er beschriftet Karteikarten mit Textbausteinen, die aus einem Wort, einem oder mehreren Sätzen bestehen. Manchmal bleiben die Karten auch leer. Sie werden zu mehr oder weniger umfangreichen Serien beziehungsweise Kartenfolgen zusammengefasst, wobei sie durchgehende Nummern erhalten und nicht beliebig permutierbar sind. Die Karteikartentexte Rubinsteins stehen in einer eigentümlichen Position zwischen der bürokratisch reglementierten Ordnung des Katalogs, der nach arbiträren Prinzipien seine Elemente streng systematisiert, und der prinzipiellen Offenheit einer strukturell unabschließbaren Kartothek, die in jeder ihrer Serien aufs Neue das Prinzip der Kohärenz einer Folge von Einzelkarten auf die Probe stellt. Dezidiert lehnt der Karteikasten das klassische Format des Buchs ab, löst es vielmehr auf, »entbindet« (Günter Hirt / Sascha Wonders) und »verzettelt« es, um an die Stelle linearer Lesbarkeiten sequenzielle Kombinierbarkeiten zu setzen.

Das Serielle wird schon in Rubinsteins Kartothek vom Narrativen aufgesprengt. Eine der Karteikartenserien, *Mama hat Fenster geputzt* (*Mama myla ramu*) von 1987, zeigt besonders anschaulich, wie Rubinstein Erinnerungsbruchstücke bereits hier einsetzt, um Ereignisse in einem kontextuellen Schwebezustand zu halten. In »Mama hat Fenster geputzt« taucht der Freund aus Kindheitstagen, Sascha Smirnow, auf, der in so vielen Erinnerungen aus *Ein ganzes Jahr* eine Rolle spielen wird. Ähnliches gilt für andere Figuren: die Nachbarin Jelena Illarionowa, die Lehrerin Julia Michajlowna oder die Puppe von Tanja Beletzkaja, die hier noch unversehrt bleibt und erst in den Kalendergeschichten geköpft wird. In dieser Serie findet sich auch eine Karteikarte (Nr. 61) mit dem Satz: »Einmal wäre ich fast an Rauchvergiftung gestorben.« In *Ein ganzes Jahr* wird dieser Satz unter dem Datum des 12. Juli 1917 — »Während des Ersten Weltkriegs wird zum ersten Mal eine chemische Waffe eingesetzt: das Giftgas Yperit (Senfgas)« — zur Kürzesterzählung eines gerade noch verhinderten Unfalls entfaltet.

So erscheinen die Karteikarten als narrativer Nucleus der späteren Kalendergeschichten. Bei allen Überlappungen im Fundus der Figuren und Szenen zeichnet sich jedoch vor dem Hintergrund der Karteikartenzyklen auch die Besonderheit des kalendarischen Jahreszyklus deutlich ab. Denn mit dem Übergang vom Katalog zum Kalender vollzieht sich der Übergang zu einem anderen zeitlichen Ordnungsprinzip. Die Zeit der Karteikarten war die Zeit eines kollektiv zerdehnten Lesens mit einem ausgeprägten Rhythmus von Unterbrechungen und Pausen, die durch das Aufnehmen, Weiterreichen und Ablegen der Karten entstehen. *Ein* Text wurde hier in Stücke geteilt. Seine Zeit war die Zeit des Akts seiner Lektüre. Die Kalendergeschichten hingegen, die auf jedem separaten Blatt eine Erzählung versammeln und damit einen anderen Grad von formaler Schließung aufweisen, zielen in die Untiefen eines zwischen den Zeiten springenden, Epochen aufbrechenden Erzählens. Sie verwenden den Kalender, um seinen chronometrischen Konstruktionen von Geschichte eigene Geschichten eigener Zeiten, im Plural, einzuschreiben.

EDITORISCHES

Bei allem Gewicht, dass der Stimme Rubinsteins in der zeitgenössischen Poetik und der Publizistik Russlands zukommt, sind den deutschsprachigen Leserinnen und Lesern doch bisher vor allem (und nur) die konzeptualistischen Kartentexte Rubinsteins in den Übersetzungen von Günter Hirt und Sascha Wonders bekannt (*Immer weiter und weiter*, 2001, und *Programm der gemeinsamen Erlebnisse*, 2003, erschienen im *Verlag Helmut Lang*, sowie Veröffentlichungen in den Zeitschriften *Akzente* und *Schreibheft*). Die Idee zur Übersetzung von *Ein ganzes Jahr* entstand während eines von der Herausgeberin und dem Herausgeber über ein Jahr lang, vom Frühjahr 2018 bis zum Frühjahr 2019, geleiteten Seminars mit dem Titel *Kitchen Talks* an der Freien Universität Berlin und der Universität Potsdam. Im Rahmen dieses Seminars fanden in Privatwohnungen, Galerien, Cafés, Werkstätten und Kulturzentren wöchentliche Begegnungen mit Künstlerinnen und Künstlern aus Osteuropa statt. Am 6. November 2018 lud das Seminar Lew Rubinstein zu einer Lesung ins Berliner *P.A.N.D.A. Theater* ein. Der vorbereitend zu diesem Abend übersetzte Auszug aus *Ein ganzes Jahr* bildete dann den Ausgangspunkt eines kollektiven Übersetzungsprojekts, in dem Mitglieder des *Kitchen Talks*-Seminars gemeinsam mit der Herausgeberin und dem Herausgeber den gesamten Text ins Deutsche brachten. Für die Buchpublikation haben wir diese Übersetzung dort mit knappen Anmerkungen versehen, wo die Pointe von Rubinsteins Geschichten, die sich tief in das Wort- und Sachgedächtnis der sowjetischen Epochen hineinbegeben, für deutschsprachige Leserinnen und Leser sonst kaum zu erschließen wäre.

ANMERKUNGEN

2. Januar Taras Schewtschenko (1814-1861) — Dichter, der mit seinen auf ukrainische Geschichte und Mythologie rekurrierenden Werken wie *Kobsar* (1840) und *Die Haidamaken* (1841) zur Entwicklung eines ukrainischen Nationalbewustseins beitrug und als ukrainischer Nationaldichter gilt.

8. Januar *Krokodil* — Titel der bekanntesten sowjetischen humoristischen Zeitschrift (seit 1922) mit beliebten Karikaturen.

13. Januar Als »Ärzteverschwörung« wurde in den Jahren 1952 und 1953 ein angeblich von jüdischen Ärzten organisiertes Komplott gegen die stalinistische Führung bezeichnet. Im Zusammenhang antisemitischer Verschwörungstheorien des späten Stalinismus diente sie als Vorwand für Verhaftungen und Hinrichtungen.

18. Januar *Ruslan und Ljudmila* — Oper (1842) von Michail Glinka nach dem gleichnamigen Poem von Alexander Puschkin (1820). Die von Märchenmotiven geprägte Oper enthält eine Verzauberungsszene, in der ein junger Hirte seine verlorene Geliebte herbeizaubert, worauf diese als alte Frau mit Wackelkopf erscheint. In einer weiteren Szene erscheint dem Helden des Märchens, Ruslan, ein riesiger Kopf aus dem Nebel und will ihn wegpusten. Ruslan tötet den Kopf mit einem Speer und erfährt, dass es der Kopf eines Riesen ist, der von seinem bösen Bruder Tschernomor enthauptet worden ist.

22. Januar Bei der hier gemeinten Aussprache des /r/ im Russischen handelt es sich um das sog. Zäpfchen-R (als Reibelaut am Gaumenzäpfchen gebildet, wie etwa in den deutschen Worten »richtig« oder »lernen«), im Unterschied zum gerollten Zungenspitzlaut. Die Aussprache mit Zäpfchen-R wird oft stigmatisierend russischen Juden zugeschrieben.

26. Januar Ljubow Orlowa (1902-1975) — beliebte sowjetische Filmschauspielerin und Sängerin, populär geworden v. a. durch ihre Rollen in den Film-Musikkomödien *Lustige Burschen* (1934), *Zirkus* (1936), *Wolga Wolga* (1938).

7. Februar *Koschkin dom* (dt. *Katzenhaus*) — Titel eines bekannten Märchens (und Zeichentrickfilms) des sowjetischen Kinderbuchautors Samuil Marschak. In dem Märchen wird erzählt, wie eine Katze als Besitzerin eines großen Hauses dafür bestraft wird, dass sie ihren armen Verwandten die Gastfreundschaft verweigert. Ihr Haus brennt ab, alle Löschversuche sind vergebens.

8. Februar Die Bezeichnung »Altes Neues Jahr« bezieht sich auf die alte russische Zeitrechnung nach dem julianischen Kalender, die 1918 per Dekret des Rats der Volkskommissare abgeschafft worden war zugunsten der Umstellung der sowjetischen Zeitrechnung auf den gregorianischen Kalender. Die zweiwöchige Differenz beider Zeitrechnungen führte dazu, dass das Datum der Oktoberrevolution (25. Oktober) durch das Datum des 7. November ersetzt wurde. Die Zeitrechnung der russisch-orthodoxen Kirche folgt weiterhin dem julianischen Kalender. Das »Alte Neue Jahr« wird darum nicht am 1. Januar, sondern am 14. Januar gefeiert.

5. März Der 5. März 1953 ist der Todestag Stalins.

6. März Der Name »Kokljuschew« enthält den Wortstamm »kokljusch« (»Keuchhusten«).

13. März Drei Hymnen — Sergej Michalkow dichtete die Texte sowohl der beiden sowjetischen Versionen der Hymne (die erste ersetzte seit 1944 die bis dahin verwendeten *Internationale*, die zweite Version wurde 1977 eingesetzt) als auch der *Hymne der Russischen Föderation* (2001).

31. März Alexander A. Galitsch (1918-1977) — russischer Schriftsteller, Schauspieler und Liedermacher, bekannt geworden durch seine zur Gitarre gesungenen Autorenlieder, die in der Zeit des sog. Tauwetters (1950er- und frühe 1960er-Jahre) zur Bildung einer inoffiziellen Liedkultur beitrugen. Lebte seit 1974 in der Emigration, hauptsächlich in Paris.

2. April »Oneginstrophe« — der von Alexander Puschkin in seinem Versroman *Eugen Onegin* verwendete Strophentyp aus 14 jambischen Verszeilen mit komplexem Reimschema.

12. April Am 19. Februar 1861 erschien der Erlass des Zaren Alexander II. über die Aufhebung der Leibeigenschaft.

14. April Sascha Tschorny (1880-1932) — berühmter russischer Autor von Satiren und Kinderliteratur.

22. April Nadeshda K. Krupskaja (1869-1939) — russische Revolutionärin und Pädagogin, Mitglied der Bolschewiki, Ehefrau Lenins. Nach der Oktoberrevolution 1917 eine der führenden Kräfte im Aufbau eines allgemeinen Schulwesens. Krupskaja selbst war kinderlos.

28. April Der Name des Feldherrn Napoleon wird in Russland zugleich als Bezeichnung einer beliebten Torte verwendet. Michail I. Kutusow war der russische Feldherr, der als Sieger im *Großen Vaterländischen Krieg* über Napoleon gefeiert wurde.

29. April *Brigady sodejstwija milizii* (abgekürzt BRIGADMIL) — *Brigaden zur Unterstützung der Miliz*.

12. Mai *Lilikan-Theater — Lilikanisches Königliches Theater für Schauspiel, Oper und Ballett*, ein Moskauer Miniaturtheater für fünf Zuschauer, gegründet 1993.

13. Mai Zarskoje Selo und Pawlowsk — unweit von Sankt Petersburg gelegene Zarenresidenzen.

14. Mai Tschebureki — krimtatarische Teigtaschen, mit Fleisch, Pilzen, Kartoffelbrei oder Käse gefüllt.

14. Mai Nachimow, Kornilow, Matrose Koschka — Helden der Verteidigung der belagerten russischen Seefestung Sewastopol (Oktober 1854 bis September 1855) während des Krimkriegs des russischen Reichs gegen eine Allianz aus Frankreich, Großbritannien, dem Osmanischen Reich und Sardinien-Piemont.

16. Mai *Waschdichweg (Mojdodyr)* (wörtlich: Wasch bis es Löcher gibt) — eines der bekanntesten Kinder-Versmärchen Kornei Tschukowskis (1882-1969). Das sprechende Waschbecken namens *Waschdichweg* erklärt darin einem Jungen, dem all seine Sachen weglaufen, dass dies nur deshalb geschieht, weil er ein Schmutzfink ist.

16. Mai *Mursilka* — 1924 gegründete sowjetische illustrierte Zeitschrift für Kinder, benannt nach einem kleinen Hund, der dem Jungen Petja gehört. In der Zeitschrift erschienen Gedichte und Erzählungen berühmter Autorinnen und Autoren der sowjetischen Kinderliteratur.

19. Mai Presnja — nach einem Nebenfluss der Moskwa benanntes, industriell geprägtes Stadtviertel Moskaus. Als Arbeiterviertel war die Presnja (seit der Oktoberrevolution Krasnaja Presnja / Rote Presnja) ein Zentrum der Revolutionskämpfe von 1905 und 1917.

27. Mai Suworow-Schule — *Suworowskoje utschilistsche*, sowjetisches Militär-Internat für Jungen, benannt nach dem besonders in den antinapoleonischen Kriegen zu Ruhm gelangten General Alexander W. Suworow.

28. Mai RSFSR — Rossijskaja Sowjetskaja Federatiwnaja Sozialistitscheskaja Respublika (Russische Sozialistische Föderative Sowjetrepublik).

4. Juni *Krokodil* — s. Anmerkung zum 8. Januar. *Ogonjok* (dt. *Das Feuerchen*) — populäre sowjetische Illustrierte, berühmt für ihre Bildreportagen. *Partijnaja shisn* (*Das Leben der Partei*) — politisches Journal der KPdSU.

11. Juni Alexander F. Kerenski (1881-1970) — zunächst ein Mitglied der Trudowiki (Partei der Werktätigen), später der Sozialrevolutionären Partei. Kerenski übernahm nach der Februarrevolution 1917 Ministerämter in der Übergangsregierung und war seit Juli 1917 Ministerpräsident. Als Gegner der Bolschewiki war er nach der Oktoberrevolution zur Flucht gezwungen und lebte dann zunächst im Exil in Frankreich, seit 1940 in den USA.

17. Juni Der Name »Jablonskaja« leitet sich vom russischen Wort »jablonja« (Apfelbaum) her. Der Name »Podjablonskaja« bekommt hingegen, besonders bei der naheliegenden Betonung auf der dritten Silbe, einen obszönen Klang durch die Nähe zum Verb »podjebat'« (»verarschen«, »ficken«).

23. Juni *Teremok (Das Häuschen)* — populäres russisches, ukrainisches und belorussisches Volksmärchen über ein Häuschen für Tiere, in der Bearbeitung durch den populären Kinderdichter Samuil Marschak fester Repertoirebestandteil sowjetischer Kindertheater.

5. Juli *kukolnik* (dt. *Puppenspieler*), *glina* (dt. *Lehm*), Pawel I. Glinka — russischer Komponist der Romantik.

14. Juli Kaukasus-Riviera — Kuranlage in Sotschi.

15. Juli Dampfer *Stanjukowitsch* — benannt nach dem russischen Autor und Marineoffizier Konstantin M. Stanjukowitsch (1843-1903), bekannt v. a. für seine Abenteuer- und Seefahrtgeschichten.

2. August Weißmeer-Ostsee-Kanal — erstes großes Zwangsarbeitsprojekt des Stalinismus, bei dessen Bau (1931-1933) ein riesiges Kontingent von Gulaghäftlingen (die Angaben schwanken zwischen 170.000 und 350.000) eingesetzt wurde, von denen Zehntausende starben.

9. August MOSCh — Abkürzung für *Moskowskoje Obstschestwo Chudoshnikow* (dt. *Moskauer Künstlervereinigung*).

10. August Welimir Chlebnikow (1885-1929) — Dichter der russischen Avantgarde und Gründerfigur der russischen experimentellen Lyrik.

11. August *17 Augenblicke des Frühlings* (1973) — populäre sowjetische Fernsehserie über die letzten Monate des Zweiten Weltkriegs. Max von Stierlitz agiert darin in der Doppelrolle eines sowjetischen Spions und SS-Standartenführers; er wird von Heinrich Müller, dem Chef der Gestapo überwacht. Der Antifaschist Pleischner wird von Stierlitz angeworben, später aber von der Gestapo entlarvt; die verbündete Funkerin Kät kann Stierlitz schließlich aus Deutschland herausschmuggeln. Repliken aus der Serie kursierten unmittelbar nach Ausstrahlung der Serie als geflügelte Worte und gehören bis heute zur Witzkultur.

20. August »Lew«, der Vorname des Autors bedeutet »Löwe«.

23. August Samoskworetsche — Stadtteil Moskaus.

28. August Schuchow-Radioturm — durch den im Kalendereintrag gewürdigten Architekten Wladimir Schuchow erbautes konstruktivistisches Architekturdenkmal in Moskau.

Uspenski-Glockenturm — Glockenturm der Auferstehungs- (Uspenski-) Kathedrale im Moskauer Kreml.

1. September Utjossow, Schulschenko, Buntschikow, Netschajew und Ruslanowa — populäre sowjetische Sängerinnen und Sänger von Jazz, Folklore und Unterhaltungsmusik (Estradenmusik, Schlager), die während des Zweiten Weltkriegs und danach häufig vor Soldaten der Roten Armee konzertierten.

Kornei Tschukowski (1882-1969) — russischer und sowjetischer Dichter, Übersetzer und Literaturkritiker. Zahlreiche Kindergedichte Tschukowskis waren in der Stalinzeit verboten und konnten erst nach 1953 wieder publiziert und rezitiert werden.

2. September *Ogonjok* — s. Anmerkung zum 4. Juni.

5. September Benja Krik — Held der *Geschichten aus Odessa*, eines berühmten Erzählzyklus der 1920er-Jahre über das Halbweltmilieu Odessas von Isaak Babel.

11. September Tscheka — Abkürzung für *Wserossijskaja Tschreswytschainaja kommissija po borbe s kontrrewoljuzijej i sabotashem* (dt. *Allrussische Sonderkommission zur Bekämpfung von Konterrevolution und Sabotage*), erste sowjetische Geheimpolizei (1917-1922).

13. September Der Vorname Fritz war während beider Weltkriege als Spottname deutscher Soldaten gängig.

15. September Welosipedow — das russische Wort für Fahrrad ist das aus dem Französischen entlehnte »welosiped«.

18. September *Weit ist meine Heimat* (*Schiroka strana moja rodnaja*) — populäres, gleichsam offiziellen Status als »Lied über die Heimat« besitzendes sowjetisches Lied (Text von Wassili Lebedew-Kumatsch, Musik von Isaak Dunajewski, 1936).

25. September DOSAAF — Abkürzung für *Dobrowolnoje obstschestwo sodejstwija armii, awiazii i flotu* (dt. *Freiwillige Gesellschaft der Zusammenarbeit von Armee, Luftfahrt und Flotte*).

ROSTO — Abkürzung für *Rossiskaja Oboronnaja Sportiwno-Technitscheskaja Organisazija* (dt. *Russische Organisation für Verteidigungssport*).

27. September Sergei Koroljow (1907-1966) — sowjetischer Ingenieur und Raketenkonstrukteur, der das sowjetische Weltraumprogramm mitbegründete.

Koroljow, der in der Zeit des Großen Terrors 1938 noch wegen angeblicher konterrevolutionärer Aktivitäten verhaftet und zu zehn Jahren Gulag verurteilt worden war, stieg nach dem Zweiten Weltkrieg zum technischen Leitenden des sowjetischen Raketenbauprogramms auf, entwickelte die erste Interkontinentalrakete der Welt und leitete sowohl den Start des Sputnik 1957 wie auch den Weltraumflug Juri Gagarins 1961. Seine Identität wurde aus militärischen Gründen jedoch geheim gehalten und er war nur unter der Bezeichnung »Chefkonstrukteur« bekannt.

28. September Arbat — Straße mit zahlreichen Buchhandlungen, Galerien, Autorenmuseen und Theatern im historischen Zentrum Moskaus.

5. Oktober NKWD — *Narodny kommissariat wnutrennych del* (*Volkskommissariat für innere Angelegenheiten*; nach 1946 umbenannt in *Ministerstwo wnutrennych del / MWD*). Dem NKWD war der Gulag (*Glawnoje uprawlenije lagerej / Hauptverwaltung der Lager*) zugeordnet.

RSFSR — s. Anmerkung zum 28. Mai.

8. Oktober *Die Saatkrähen kehren zurück* — vielfach reproduziertes Landschaftsbild des realistischen Malers Aleksei Sawrasow aus dem Jahr 1871.

23. Oktober Buratino — vom russischen Schriftsteller Alexei Tolstoi erschaffene Pinocchio-Figur.

Zwiebelchen — Figur aus Gianni Rodaris politischem Märchen *Die Abenteuer vom Zwiebelchen* (*Le avventure di Cipollino*). In der Sowjetunion wurde das Märchen vielfach adaptiert, als Animationsfilm (1961), als Musical-Verfilmung und als Ballett (1977).

26. Oktober Symon Petljura (1879-1926) — ukrainischer Militär und Politiker der Revolutions- und Bürgerkriegszeit, 1919 Regierungschef der kurzfristig existierenden »Ukrainischen Volksrepublik«, später in Polen und Frankreich aktiv für ukrainische Exilregierungen.

6. November *Schipka*-Zigaretten — billige, filterlose Zigaretten bulgarischer Produktion, benannt nach dem Bergpass Schipka.

11. November Zarskoje Selo — s. Anmerkung zum 13. Mai.

16. November *Wolgaschlepper* — ein in der russischen Kunstgeschichte kanonisches Bild des realistischen Malers Ilja Repin aus dem Jahr 1873.

20. November »Goloshopowa« (dt. »Nacktarsch«).

25. November Arina Rodionowna — leibeigene Kinderfrau (Njanja) Alexander Puschkins. Der Dichter widmete ihr Gedichte und epistolarische Erinnerungen.

26. November Als Tatarenjoch wird eine vom 13. bis zum 15. Jahrhundert andauernde Phase der Unterwerfung russischer Fürstentümer durch das mongolische Khanat der Goldenen Horde bezeichnet.

29. November Soja Kosmodemjanskaja (1923-1941) — legendäre sowjetische Partisanin, deren Opfertod zum Anlass fast sakraler Verehrung wurde.

30. November Iwan K. Aiwasowski (1817-1900) — russischer Maler, der mit großformatigen Seestücken berühmt wurde.

2. Dezember Kliment Woroschilow (1881-1969) — während des nachrevolutionären Bürgerkriegs Mitbegründer der Roten Armee, später Volkskommissar für Verteidigung, 1935 zum Marschall der Sowjetunion ernannt,

Vertrauter Stalins, während des Zweiten Weltkriegs Befehlshaber der Leningrader Front.

18. Dezember Sagorsk — Kleinstadt in der Nähe Moskaus, berühmt wegen des dort befindlichen, vom heiligen Sergij 1340 gegründeten *Dreifaltigkeitsklosters* (Sergijew Possad).

25. Dezember Sadko — märchenhafter Held russischer Sagen (Bylinen) und der gleichnamigen Oper von Nikolai Rimski-Korsakow (1898).

27. Dezember RSFSR — s. Anmerkung zum 28. Mai.

28. Dezember Der in Russland äußerst populäre Dichter Sergei Jessenin (1895-1925) starb durch Selbstmord im Leningrader Hotel *Angleterre*. Sein Tod wurde sowohl im literarischen und künstlerischen Milieu der russischen Moderne als auch in der breiteren Öffentlichkeit als Schock wahrgenommen.

29. Dezember *Woroschilow-Schütze* — s. Anmerkung zum 2. Dezember.

Lew Rubinstein, 1947 in Moskau geboren, ist Autor serieller literarischer Texte und Essayist. Er gilt als einer der Begründer des Moskauer Konzeptualismus und war einer der bekanntesten Schriftsteller im literarischen Untergrund der Sowjetunion. Zunächst arbeitete er als Bibliothekar. Seit den 1990er-Jahren verfasst er kulturkritische und politische Essays sowie erzählerische Beiträge für unabhängige Zeitschriften und Internetportale wie *Itogi, Jeshenedelny shurnal, Bolschoi Gorod, Grani.ru* und *Nowaja Gaseta*. Er ist Teilnehmer und Unterstützer zahlreicher zivilgesellschaftlicher Aktivitäten gegen die repressive Politik des Putin-Regimes.

Susanne Strätling, 1970 geboren, ist Professorin für Allgemeine und Vergleichende Literaturwissenschaft an der Freien Universität Berlin. Zuvor lehrte sie an der Ludwig-Maximilians-Universität München und an der Universität Potsdam. Sie forscht und publiziert zur Rolle der Hand in Poetik und Ästhetik, zur Metaphorologie der Energie und zur Mediengeschichte des Schreibens. Ihre Übersetzungen gelten vor allem der Architektur und Literatur der russischen Avantgarde.

Georg Witte, 1952 geboren, lehrte bis 2019 am Peter Szondi-Institut und am Osteuropa-Institut der Freien Universität Berlin und leitet seit 2019 das Philologische Institut der Higher School of Economics in Sankt Petersburg. Zu seinen Forschungsschwerpunkten gehören die russischen Avantgarden, die inoffizielle Kunst in der Sowjetunion sowie die Ästhetik- und Medientheorie der Literatur. Er übersetzte und edierte zahlreiche Autoren des poetischen Samisdat und des Moskauer Konzeptualismus.

Ein ganzes Jahr erscheint als Buch der *Friedenauer Presse*.
Gegründet wurde die *Friedenauer Presse* 1963 in der Wolff's
Bücherei im Berliner Stadtteil Friedenau, dem sie ihren
Namen verdankt.
Der Verleger Andreas Wolff, Enkel des Petersburger Verlegers
M. O. Wolff, veröffentlichte bis 1971 in loser Folge 36 Drucke.
Von 1983 bis 2017 wurde der Verlag von Katharina Wagenbach-
Wolff geführt, seit 2020 ist die *Friedenauer Presse* ein Imprint
des Verlags *Matthes & Seitz* Berlin.

FRIEDENAUER PRESSE

Erste Auflage dieser Ausgabe Berlin 2021

Copyright der Originalausgabe
Лев Рубинштейн. «Целый год. Мой календарь»
© Novoe Literaturnoe Obozrenie, Moscow, 2018

Copyright der deutschen Ausgabe
© 2021 MSB Matthes & Seitz Berlin Verlagsgesellschaft mbH,
Göhrener Straße 7, 10437 Berlin
info@matthes-seitz-berlin.de

Alle Rechte vorbehalten.

Gestaltet und gesetzt von *ciconia ciconia*, Berlin.
Verwendet wurden Bilder aus alten russischen Tageskalendern,
sowie die Schriften *Genplan Inline Free, Gilroy* und *Vollkorn*.

Die Herstellung besorgte Hermann Zanier, Berlin.

Gedruckt und gebunden von *Pustet*, Regensburg.

ISBN 978-3-7518-0609-1

www.friedenauer-presse.de